Love and Rules

爱与规矩

教养在生活的细节里

洪兰 ——— 著

浙江人民出版社

图书在版编目（CIP）数据

爱与规矩：教养在生活的细节里 / 洪兰著. — 杭州 : 浙江人民出版社，2023.6
ISBN 978-7-213-10846-4

Ⅰ. ①爱… Ⅱ. ①洪… Ⅲ. ①家庭教育 Ⅳ. ①G78

中国版本图书馆CIP数据核字（2022）第233213号

浙江省版权局
著作权合同登记章
图字:11-2022-089号

爱与规矩：教养在生活的细节里

洪 兰 著

出版发行：浙江人民出版社（杭州市体育场路 347 号　邮编：310006）
　　　　　市场部电话：(0571) 85061682　85176516
责任编辑：王　燕
特约编辑：涂继文
营销编辑：陈雯怡　赵　娜　陈芊如
责任校对：王欢燕
责任印务：幸天骄
封面设计：韩　立
电脑制版：北京之江文化传媒有限公司
印　　刷：杭州丰源印刷有限公司
开　　本：710毫米 × 1000毫米　1/16　　印　　张：11.5
字　　数：112千字　　　　　　　　　　插　　页：1
版　　次：2023 年 6 月第 1 版　　　　　印　　次：2023 年 6 月第 1 次印刷
书　　号：ISBN 978-7-213-10846-4
定　　价：48.00 元

如发现印装质量问题，影响阅读，请与市场部联系调换。

目录
CONTENTS

第一章　大脑与学习

第二章　教养与教育

第三章　品德与情绪

第四章　自我的实践

第一章
大脑与学习

借助现代科学技术,如今我们可以观察到大脑细胞工作的情形,明白了大脑是"凡走过必留下痕迹"。就是生活中发生的每一个事件都会改变我们大脑神经回路的连接,以至于我们常有些说不出原因的偏好或恐惧。

大脑对性命攸关的经历记得尤为清楚,正面或负面的经历都会使这种带着强烈情绪记忆的神经回路的连接十分强大。

所以,我们不要以为孩子的童年不重要,觉得年纪小就没事,其实所有经验都会在孩子大脑里留下痕迹。那么,借助这个原理,我们就能更好地对孩子的行为进行早期的纠正和引导,使他们能强化美好的过往,拥有免于恐惧的自由。

在本章中，洪兰老师将主要解决我们以下的困惑：

○ 孩子爱看电视、打游戏怎么办？

○ 多学真的无害吗？

○ 该不该把孩子挤进明星学校？

○ 如何协助过动的孩子？

○ 如何培养创造力？

有所期待，便能坚持下去

很多时候，牺牲短期享受会为我们的未来带来更大
的利益。人只要有期待，再大的痛苦都可以忍受。

一个学生来信说，他知道要努力读书，只是一看到课本就
厌烦，读不进去，想问有没有帮他解决问题的好方法。心理学
中倒是有些改变厌恶态度的方法：将一个喜欢的"报酬"与不
喜欢的行为联结在一起，慢慢改变对这个行为的态度。最好的
例子是美国杜克大学的教授丹·艾瑞利。18岁时，身旁的化学
照明灯突然爆炸，使他70％的皮肤受到3级烧伤，在病房躺了3
年。雪上加霜的是，输血时，他又不幸染上了肝炎。1985年的
时候，医生并不知道有C型肝炎，只知道他得的不是A型肝炎，
也不是B型肝炎。他在医院中被折腾了很久，万幸没死。

8年之后，他在念博士时，肝炎再度爆发，这时已经知道有
C型肝炎，而且也有干扰素可以治疗。然而，干扰素的副作用会

令人非常痛苦，导致发烧、反胃、头疼、呕吐、发冷，整个疗程下来要18个月，每周需注射3次干扰素。很多人见到这种情形都不敢尝试，但对艾瑞利教授来说，好死不如赖活着，别无选择。他每周一、周三、周五晚上自己给自己注射干扰素，然后躺在床上，旁边放个桶，准备接呕吐物。注射当晚，艾瑞利教授总会呕吐、头疼到第二天中午才能起来上课。很多病人因为无法长期忍受这种身体和精神上的折磨，治疗都半途而废，只有他坚持走完了疗程，打败了C型肝炎，活到现在。

"正向长期效果"的力量

艾瑞利教授是怎么做到的呢？他用的方法就是前面心理学中所说的：为了正向的长期效果（活下去）而忍受负向效果（呕吐、头疼、忽冷忽热）的方式。

首先，他选定一件自己最喜欢做的事——比如看电影，来当作奖励。在每个周一、周三、周五下午放学时，先租一部当红的电影，告诉自己："一打完针，我就可以看电影。"他把"打针"与"欣赏一部好电影"结合在一起，回家立刻替自己打针，然后跳上床准备看电影。慢慢地，他养成了对周一、周三、周五的期待，每次想放弃治疗时，脑海中就浮现所看过的好电影，并且告诉自己看电影时有多快乐：只要一打完针，电影马上就来。这样的方法不仅使他成为唯一走完全部疗程的病人，也救了自己一命。

　　人生不可能事事如意。很多时候，牺牲短期享受会为自己带来更大的利益。人只要有期待，再大的痛苦都可以忍受。19世纪末，广东人去美国当苦力，在内华达的沙漠筑铁路时，靠的就是一股"改善亲人生活"的期望，使他们得以忍受40摄氏度的酷热及恶劣的环境。有句谚语："学习时的痛苦是暂时的，未学到的痛苦是终生的。"把现在做功课的痛苦，跟将来成为一个有智慧、对社会有贡献的人的快乐联结在一起，就能像艾瑞利教授一样成功达成目的了。

同学经验的深远影响

> 父母不必担心孩子在青春期之前，大脑装进了多少
> 东西，反而要想，"留得青山在，不怕没柴烧"，千万
> 不要为了功课赔掉孩子的健康。

瑞典一个长达几十年的研究报告引起了国际上的注意——斯德哥尔摩大学的研究者在1966年时，观察了14,000名出生于1953年的人，看这群当时13岁左右的孩子在学校的人际关系如何。37年后，等这批孩子步入50岁中年时，再看他们的健康状况。实验者先问这些孩子"你最喜欢和谁一起做功课？""打球时，你最喜欢谁跟你同一组？"，从中找出他们在班上受欢迎的程度。2003年，实验者再从瑞典的国家数据库中，找出这群当年的孩子37年来的看病和住院记录，查看他们的健康状况。

结果发现，在校期间功课在及格边缘、人缘不好，打球时总是最后才被教练挑上的孩子，成年后患心脏病的概率比人缘

好的同学高出9倍；患糖尿病的概率比人缘好的同学高出4倍；患精神上的疾病如忧郁症、焦虑症以及自残、自杀倾向的概率也比人缘好的同学高出2倍。在排除了职业、收入、受教育程度和父母社会经济地位等变量之后，情形仍然如此。也就是说，当年那些孩子在念书时，他在同学间的地位对日后自己的健康影响很大。这份报告因为样本群大，有代表性，引起学者们的高度重视。没有人会想到，一个孩子小学六年级时的同学给他带来的压力竟然会对他成年以后的健康有这么大的影响！这份报告并没有指出原因，但我们可以从最近的另一份报告中看出端倪。

负面的经验，大脑很在意

这份研究是美国乔治敦大学商学院做的，他们设计了一个实验，让受试的学生只能在某个有限时间内购买有限数量的商品。结果他们发现姓氏字母靠后（如R、S、T、W等）的学生会抢先去购物，而姓氏字母靠前面（如A、B、C等）的学生则排在了后面。追究原因，原来这些受试的学生在上小学时，老师发书本、奖品、糖果等多半是按学生姓氏的字母顺序。姓氏字母在后面的同学常常没得选，只能拿别人挑剩的，东西不够时，甚至还拿不到（虽然下次补发，但感觉是不一样的）。几次以后，这些人的大脑就学会了：假如我想要这个东西，就得赶快行动，迟一点就没有了。

这个结果让实验组非常讶异，看似不起眼的童年经验竟然影响到孩子日后的消费行为，也难怪在学校不受欢迎、被人排斥的经验会在大脑里刻下痕迹。我们的大脑对好的、顺利的事情不会去特别记忆，因为对我们的生存没有威胁，但对自己不利的经验，大脑是特别留意的，因为进化通常不会给你第二次机会。也因此，姓氏字母靠后面的孩子很早就懂得了动作要快，慢了就会没得吃、没得拿的道理。

孩子对自尊的渴求大于其他

此外，美国俄亥俄州立大学的研究也反映出孩子对自尊的渴求。研究者请大学生列出他们最喜欢及最想要的东西，如成绩好、得到称赞、和自己仰慕的人约会、领到薪水、吃好吃的东西等。结果发现，大学生们想要的和喜欢的项目有所不同，受测者对成绩好、得到称赞的需求最高。可见自尊对青春期的孩子是非常重要的。

处于青春期的孩子，自信尚未建立，对自己的看法来自父母、老师、同学……这其中尤其同学的影响最大。许多青少年赶时髦就是为了获得同学的认同。青春期的孩子喜欢卖弄自己的特别多，主要也是因为自己没有其他能被同学认可的长处，只好滑稽和夸张地展示自己来引起别人的注意。

假如青少年时期的校园生活对孩子的健康有这么大的影响，那我们对孩子进哪所学校学习就要特别注意，明星学校对他不一定好。同时，我们一定要改变目前教育的评估方式，因为这套模式并没有照顾到孩子的其他长处，单纯以考试能力为主，对开窍晚或不擅考试的孩子相当不利。从这些研究中，我们能看到，孩子受到了伤害，只是这种伤害没有马上显现出来而已。

大脑终生可学习，成功不在一时

父母不必担心孩子在青春期前大脑装不进多少东西，反而要想通"留得青山在，不怕没柴烧"的道理，千万不要为功课赔掉健康。我们的大脑是终生都在学习的，孩子只要健康、快乐地成长，具有好奇心和动机，他有一生的时间可以学知识，不必急于一时。

现在孩子虽小，但父母的观念从一开始就得正确，因为大人的态度会决定他的命运。只有当孩子拥有正确的人生观时，他才可能有一个有意义的人生。

凡走过的，大脑都留下痕迹

生活中发生的每一件事，都会改变人大脑神经回路的连接。以前，我们认为童年不重要，其实所有的经验都在我们的大脑里留下了痕迹。

我养的猫很黏人，我走到哪儿它跟到哪儿。我在床上看书，它睡在我的脚旁边；我在桌上写东西，它趴在桌下我的书包上。但它不像我以前养的那些猫，不会跳到我腿上来睡觉打呼，也不肯让我摸它的毛，勉强被摸一两下，它一定会站起来走开。每次我伸手要摸它时，它的第一个反应是伸出前掌来抵挡，只是爪子没有露出来而已。

它的行为很像被家暴过的孩子：很需要你，一直跟着你，却又不敢跟你太亲近，怕一旦你变脸时，它来不及跑。我知道它原来是流浪猫，这是它在都市丛林讨生活的后遗症，但是我收养它也10年了，为什么10年的安居乐业仍不能消除它流浪时的恐惧呢？

　　这使我想起以前的室友。那时水果还没有开放进口，木瓜是穷学生吃得起的少数水果之一，我这室友不吃木瓜，宁可被别的同学嘲笑"装有钱人"。有一天，她姐姐从乡下来台北看病，顺道来看望她，她还是不肯吃我们拿出来招待她姐姐的木瓜，而她姐姐看到木瓜就哭了。原来，室友小时候曾因偷吃木瓜被父亲毒打到昏死过去，说要把她的"贼性"打掉。从此，她便不敢再吃木瓜。其实，连她自己也忘了这件事，每次我们问她，她只说不喜欢那个味道，闻了会反胃。

创伤记忆的长远影响

　　基于现代先进科学技术，我们得以观察到大脑内工作的情形，才了解大脑是"凡走过必留下痕迹"。生活中发生的每一个事件都会改变大脑神经回路的连接，以至于我们常有些说不出原因的偏好或恐惧，那就是童年记忆的痕迹。

　　大脑对性命攸关的经历记得最清楚，凡是差一点死亡的恐怖经验，都会使这带着强烈情绪记忆的神经回路的连接十分的强，正所谓"一朝被蛇咬，十年怕井绳"。

　　事隔多年，我那位室友早已忘记自己对木瓜恐惧的原因，但那股强烈的情绪仍然存在，使她一见到木瓜就反胃；我的猫一定也是在小时候，有人趁其不备抓住了它、凌虐它，它才一直不敢让人的手接近。我很惊讶，这类创伤记忆似乎不受时间的侵蚀，难以淡化。就猫的寿命来说，人类10年等于它的50—

60年，几乎就是它的一生了。

前几天，有个收养了弃儿的爱心妈妈跟我抱怨，说这孩子来到她家已经3年，吃饭时还是拼命地把菜往嘴里塞，吃相十分难看，而且他很自私，过年的糖果都抓到口袋里，一颗也不肯分给别人。现在我知道为什么了。如果一只猫10年都无法忘记它童年的不幸，人怎么可能才3年就消除自己3年前没吃没穿的恐惧？他当然是有东西吃就尽量吃，因为不知道下一餐在哪里；有东西可拿就拼命拿，能握在手里的才是自己的。

以前，我们都以为童年不重要，反正孩子还小，不懂事。其实，所有经验都会在我们的大脑里留下痕迹。想到这里，我们就能理解为何被霸凌过的孩子看到校门就发抖。那么当创伤的记忆对行为有这么大的影响时，我们该如何帮助所有的孩子，使他们获得免于恐惧的自由呢？

孩子爱打游戏，怎么办？

要釜底抽薪，只有从纪律做起。有了纪律，玩什么
都没问题；没有纪律，父母整天跟在旁边也没有用。

最近一直接到很多父母的来信，抱怨孩子爱玩电玩游戏，
并问该怎么办。

一个东西如果很吸引孩子，父母就不能用禁止的方式去限
制，因为"道高一尺，魔高一丈；道高一丈，魔在头上"。父
母要从"心"着手，让孩子明白凡事不能过度，要适可而止。
换句话说，要釜底抽薪，只有从纪律做起。这很花时间，但绝
对值得。有了纪律，玩什么都没问题；没有纪律，父母整天跟
在旁边也没有用。

其实电玩不是完全不好，但是必须是非暴力、非色情的游
戏才行。美国罗切斯特大学做过一个研究，比较电玩组和同年
龄的非电玩组在视觉对比敏感度上的差异。结果打游戏的那组
比不打游戏的，敏感度高出50%。为了确定这个敏感度的提升

是由打游戏而来，而不是电玩组孩子本来的对比视力就比较好，研究者让两组非游戏玩家各接受50小时的训练，一组打的是有射击瞄准动作的游戏，另一组是完全没有射击动作的模拟经营类游戏。结果，动作组的视觉对比增长了43%，另一组完全没有增加。而且，这个进步的效果有长久性，可以维持数月以上。

我的实验室也发现，电玩游戏对人的大脑空间能力和类比能力提升有帮助，所以父母不必太忧心，对于挡不住的事要用疏导方式：挑好的游戏，教会孩子守纪律，尽量找跟电玩一样好玩的户外活动，例如爬山、踏青、打球等，把孩子引导到户外，打游戏的时间自然就少了。也就是说，我们不必一味禁止，慢慢把孩子引导到有纪律的生活就可以了。

别剥夺孩子的乐趣

游戏是成长过程中重要的一部分，孩子需要各种经验，帮助他分辨和归纳外界的刺激。

朋友的公司要去宜兰不老部落搞团建，他知道我喜欢吃那里的烟熏苦花鱼，便邀我一起去。

那天细雨蒙蒙，雨中的青山分外美丽，我愉快地欣赏沿路的美景。到达寒溪派出所的接驳站时（山路太陡，一般车爬不上去，须接驳），我就知道不妙了——同行的一辆奔驰车，下来了一对盛装的夫妇及两个穿蓬纱裙子、白裤袜的女孩。这身打扮去赴喜宴很恰当，但在荒郊野外就显得有点突兀。果然，一路上母亲不停地斥责孩子"不要踩水""不要弄脏衣服""不要摸""不要碰"。这下不仅两个孩子苦着一张脸，连我们大人也变得很紧张，不自觉地检讨起自己有无"犯规"。

反观另一个家庭，孩子都穿着球鞋短裤、戴着棒球帽（这样就不必打伞），在山里窜来窜去，玩得不亦乐乎。公主打扮的那两个女孩羡慕地看着他们在泥中打滚。我不由想起电影《音乐之声》中，家庭老师玛利亚替特拉普男爵的每个小孩用窗帘布缝制了一件游戏衣，带她们到处去玩。游戏时，你若担心衣服会弄脏，就玩不尽兴了。

一般来说，中国人不讲究场合和打扮，经常看到有人穿着睡衣就上街买油条，也有人大白天穿着缀满亮片的衣服去上班。打扮也是礼貌的一种，很多人不管什么场合都穿金戴银、珠宝满身。父母其实可以借此教育孩子，有内涵、有自信的人可以不需要外表的装饰，只有本身没有价值的人，才要靠珠宝来为自己添值。

游戏也是一种学习

孩子出生时，一生需要的神经细胞都有了，出生后主要在发展神经的连接。绵密的神经连接就像一张大网，帮助孩子快速吸取新的信息。

研究已发现，促使神经连接的最好方式就是"经验"，孩子需要各种各样的经验来帮助他分辨和归纳外界的刺激，游戏正是让孩子学习最快的一种方法。很多大人想都想不到的新奇玩法，可以刺激大脑神经做出前所未有的连接。游戏时，大脑会分泌一种叫BDNF（Brain Derived Neurotrophic Factor）的神经营养素，能帮助神经生长，使神经更多地分叉。

　　几乎全世界的小孩都喜欢雨天，喜欢雨水打在身上的冰凉感觉，也喜欢踩水时水花的溅起，这就是一种学习。全世界的孩子都喜欢在床上跳，因为这个弹性是他不曾有过的体验……诸如此类的好奇心是父母禁止不了的。我的美国邻居就说，与其每天盯着孩子说不准跳，不如买个弹跳圈架在后院让他们跳个够。

　　孩子的好奇心是创造力和学习的原动力，父母不要剥夺他体验大自然的机会。若是你觉得玩水会弄脏衣服，弹跳会跳坏沙发，请替他换件可以洗的普通衣服或者像我邻居一样，帮孩子找个可以安心、开心地体验各种新经验的环境。游戏是孩子成长过程中重要的一部分，天下没有什么比童年更珍贵，请不要为了一件衣服剥夺他做小孩的乐趣。

大脑发展不宜任意催熟

大自然设定的大脑发展程序自有其道理，爸妈教养
孩子时，不应拔苗助长，随便"催熟"。

孩子的"成熟"是水到渠成，急不得的。最近我到南京做
了几场演讲，短短的几天中，我发现大陆的父母比台湾地区
的父母更热衷购买幼儿发展的各种辅助器材，也更积极地送幼
儿上各种脑力开发的训练课程。幼儿杂志刊登大幅广告，鼓励
父母在孩子一出生就把孩子放在地板上爬，每个月都要训练
新生儿一些新的能力……威胁父母"不这样做，就会输在起
跑点"。

那些广告大肆宣扬各种增加孩子听力、视力、智力的好
处，却没有提及实验证据在哪里，而且收费非常昂贵，看得我
心惊肉跳。

教养孩子不可以拔苗助长，大自然设定的人类大脑发展程
序是有它的道理的，不可以随便"催熟"。这股对大脑开发的

狂热，非我所能想象。一位出租车司机告诉我，他的女儿学了
古筝、英语、珠算、奥林匹克数学……坊间有什么课，他女儿
就上了什么课，虽然才十岁，已花掉他几十万人民币了。我问
他值不值得呢？他说："也不知道呀！人家有上，咱也得上，
反正多学无害。"

多学真的无害吗？强迫才两个月大的婴儿在地上爬就是有
害，孩子的骨头都还没长硬呢！大脑的发展过犹不及。柳宗元
在《种树郭橐驼传》中说，树种下去后，不该频频把它挖起来
看活了没有，教养孩子也是一样，不能一直去测试他智力增长
了没有。智力的发展是慢慢来的，所谓"成熟"指的是水到渠
成，急不得的。

刺激适当，大脑才会正常发育

天下父母莫不望子成龙，但是一定要具备关于大脑发展的
基本知识才不会害了孩子。婴儿的大脑在出生时就有了一生所
要用到的神经细胞，就像女性的卵巢，一出生就已有了一生所
要用的卵子。大脑是"用进废退"，用得多的神经回路就连接
得密，不用的会被修剪掉。

然而，坊间补习班误解了刺激的作用——刺激，并不是愈
多愈好。他们所引用的是一个经典的实验：研究者将单独关在
暗室里长大的老鼠与十只有许多玩具陪伴的老鼠进行比较，看
它们大脑发育上的差别。结果发现，单独长大的老鼠神经连接

稀疏。但是，人类的孩子不可能被单独关在屋子里长大，这实验并不适用于人的身上，只不过是说明了外界刺激对大脑的重要性而已。

事实上，只要有玩伴，能接触到外界刺激，人的大脑就能正常发育。最好的玩具是同龄的玩伴，不是昂贵的玩具。因此，孩子只要在正常的环境中长大，有被照顾，有小朋友一起玩，大脑就会按照既定的程序生长，反倒是时下流行的"育儿宝典"，每天硬性规定孩子几点吃、几点睡……使孩子失去弹性，稍有变动，便大哭大闹不能适应。

过去行为主义者主张，幼儿哭的时候不可以抱，要等到不哭了才抱，认为"哭时抱他是奖励他哭、他以后会爱哭"的这个说法，现已证明是错误的。婴儿哭代表孩子有需求，小时候的需求能被满足，对日后情绪的发展很有重要影响。现在主张婴儿的摇篮要放在母亲房间，让孩子眼睛一睁开就可以看到母亲，而且抱他、抚摸他会刺激大脑中激乳素的分泌，对婴儿情绪发展及亲子关系非常重要。研究发现，被护士抱在身上睡觉的早产儿，成长得也快，能比其他婴儿早出院。

特别的训练，反而造成伤害

此外，我们也不必特别训练婴儿的听力和视力，听力在胚胎七个月时就已完成，不需要特别训练，每天不停地刺激反而不好。湖北省有个农妇在怀孕七个月时，把扩音器贴在肚皮上，每天不停放英语录音带给胎儿听，结果胎儿出生后重听，因为听觉神经受损了。

婴儿一出生时是近视眼，大约300度，可以看得清楚的是母亲抱着喂奶时从手肘到脸的20厘米的距离。他们视力不好的原因，是神经纤维外面包的髓鞘尚未完成，等到一岁半左右，调控晶体的神经纤维成熟后，视力就正常了，不需要特别训练。杂志中登载的那些增进婴儿智力课程的广告，绝大部分没有实验的证据。

大陆和台湾地区普遍有不管孩子需不需要，都送去上补习班、兴趣班，以求父母心安的现象，这其实是不对的。孩子的天职是游戏，研究神经的科学家们已在大脑的运行中观察到人终生学习的机制。此外，也没有输在起跑点这回事，人生是场马拉松，我们争的是终点，不是起点。游戏不是学习的敌人，而是学习的伙伴；游戏能帮助孩子发展想象力，同时培养领袖能力。毕竟孩子长大入社会后，做人比读书重要，EQ比IQ重要，不是吗？

是改良，还是仿冒？

一件东西要有多像，才能说它仿冒别人？在不同时
空和地点的两个不同的人，可以创造出同样的东西吗？

最近连续发生国外厂商控告我们仿冒之事，引起了人们的
好奇心：创造力是怎么产生的？两个人在不同的时空和地点，
有可能同时想到一件事情吗？一个东西要有多像，我们才说它
是仿冒的？

牛顿和莱布尼兹，一个在英国，一个在欧洲大陆，同时创
造了微积分理论，但是没有人说他们相互抄袭。宋朝王安石的
"墙角数枝梅，凌寒独自开，遥知不是雪，为有暗香来"与南
朝苏子卿的"庭前一树梅，寒多未觉开，只言花似雪，不悟有
香来"意境很相似，用的韵也是一样，这能算仿冒吗？1730年，
意大利画家摩根在画他想象中的月球时，把南瓜挂在树上当成外
星人的家，而安徒生童话中的灰姑娘坐着南瓜变成的马车进皇宫
参加舞会，那么安徒生的南瓜和摩根的南瓜有相似的地方吗？

经验不同，创作也不会相同

现代医学发展出了脑造影技术，我们可以在大脑中观察到人意图的产生，使原本看不见、摸不着的创造力走向了具体化。

神经学上对创造力的定义是：两个不相干的回路碰在一起，激发第3条回路，出现前所未见的东西。因此，要想具有创造力，人的大脑里必须存在绵密的神经回路，而经验促使神经连接，所以人的创造力跟经验是有关的。

有创造力的人都是喜欢动手画、动手做的人，因为在这个过程中，会促发其他的回路产生新的点子。所以，很多设计家会把当时设计的手稿留起来，万一被人说仿冒时，可以用来证明他的作品是如何一步步修改出来的。

从无到有非常困难，很多产品的发明都只是改良现有的东西。因此，为解决困难而研发新的产品，通常不算仿冒。但艺术品就不同了，它的诞生有点像科学家在人类梦境研究上的发现，因为每个人经验不同，做的梦也不相同。艺术品非常讲究原创性，改良别人的作品就叫仿冒。

原因在于，我们所看到的外界物体，不是物体投射在视网膜上的影像，而是大脑根据过去对这个影像的解释。人会有错觉，正是大脑根据过去经验，寻求物体恒常性所产生的错误，如远的人和近的人在视网膜上一样大时，大脑就把远的人放大了。每个人的经验不同，大脑对同一景象的解释也不同，所以艺术创作没有相同一说。

是否仿冒，难以用语言说明

历史上，曾有两个完全不认识的人独立发明了相同的产品，如德国生理学家赫姆霍兹和美国的贝尔同时发明了电话。但在艺术领域，却没有两个素昧平生的艺术家同时创作出两个相同作品的先例。因为两个不同的人对同一物体的视觉经验不可能完全相同，视觉经验不同，解释不同，创作出来的艺术品就不同了。

我们看到好的艺术品常会感动得说不出话来，因为人类进化出眼睛比产生语言早了千百万年，视觉系统较语言系统发展得更完备。所以，要说一个东西有没有仿冒别人，很难用语言来说明，但是经验丰富的裁判一眼看过去，他的感觉就会告诉他答案。仿冒判决书的言辞往往不能令人信服，因为即使贵为每天写判决书的法官，也很难用他的笔把感觉描述出来！

睡眠足，学习效果好

若要学习效果好，就要让孩子睡得饱，药物只能治标，睡饱才是治本。

最近，新北市为了要不要让学生晚一点上学的讨论上了报纸。在做任何决定之前，应该尽量搜集所有的信息，有了正确的信息，相信父母都能为孩子做出最好的决定。

目前对让学生们延迟到校的最有利证据是：睡眠不足会使孩子的行为看起来像注意力缺失或患上多动症（ADHD）——上课不专心、注意力不能集中、心不在焉、常常忘记带钥匙、找不到东西、做功课拖拖拉拉……当孩子有上述情形，老师就会怀疑孩子有注意力缺失的情况，便会让父母带孩子去看医生。因为症状相似，许多医生便会开阿迪罗、利他林等药物给孩子服用。

借由运动改善孩子的学习

过去，医生认为多动症是因为大脑太过活跃，便开镇静剂给孩子吃。后来，研究人员用核磁共振仪发现，孩子的大脑是不够活化，而不是太过活化，因此改用利他林。这个药本来是治疗忧郁症的兴奋剂，会使大脑分泌较多的多巴胺。用药后，孩子的症状果然减轻，于是这种药就广泛运用开了。人们却不知这是兴奋剂把孩子的精神提起来，表现跟着变好，而不是他真的患了多动症。多动症的误诊率非常高，仅次于阿尔茨海默病。

滥用药物的坏处是让药物副作用侵害人体，像阿迪罗会产生心悸。加拿大政府曾经下令阿迪罗下架，因为它跟心脏血管疾病有关。孩子的大脑在发育时，除非不得已，否则应该尽量少吃药物。我们现在已经知道，利他能会减低食欲、影响睡眠，使大脑发育比没有服药的孩子慢，最多可能慢到3年以上。所以，美国开始让孩子靠运动来产生学习所需要的神经传导物质。

有项研究发现，当运动使心跳达到最高点的70%，也就是220减去年龄，再乘上0.7的时候，大脑就会产生多巴胺、血清胺以及肾上腺素。多巴胺是正向的神经传导物质，利他林的作用就是使大脑分泌较多的多巴胺；血清胺跟记忆、睡眠、情绪和动机有直接关系，我们肚子饿时，常会脾气暴躁、不耐烦，就是因为血清胺浓度降低了。吃过饭以后，碳水化合物会透过血脑屏障进入大脑，变成血清胺的前身，很多人吃过饭脾气就变好了，就是这个道理。

睡得饱，学习效果才会好

在没有脑造影技术之前，我们都误以为睡眠是大脑在休息，现在知道是身体在休息，大脑在工作，补充白天消耗的神经传导物质。人在第四阶段（深层）睡眠时，会分泌生长激素、血清胺和肾上腺素。近年来一项研究发现，婴儿若有一天睡得特别多，那么48小时后，他就会长高一些。因此，闽南语中"一眠大一寸"是有科学依据的。所以想要孩子长得高，请让他睡得饱。

另外，血清胺跟记忆有关，肾上腺素跟注意力有关，所以，想要孩子学习效果好，也要让孩子睡得饱，靠药物是治标，睡饱才是治本。

孩子是未来社会的主人，只有孩子好，社会才有希望。我们在制定政策时，应该以孩子的福利为唯一考量。接送不方便，可以用配套措施来解决，例如公司采取弹性上班、社区共乘等。迟一点上学最大的好处是，孩子睡饱了心情自然愉快，学习就不再是痛苦的事。有了正确的学习态度，孩子一辈子都受用不尽。

用心，决定成败的关键

看东西不是用眼在看，是用心在看。只看到预期看
见的东西，忽略不在预期中的环境和事物，就会让我们
视而不见。

一位老师跟我抱怨，现在的孩子不是不用功，而是不用
心。叫他做的都会按照吩咐去做，只是不用心去想中间的关
系，以致辛苦读进去的知识没有放对地方，变成白读。另一位
老师说，不只孩子不用心，大人也不用心，她跟朋友约在高铁
车站见面，朋友临时有事不能来接她，请别人代劳，竟然没有
把见面地点的细节告诉来接的人，害她在车站多等了半个多小
时。她生气地说："换人接没关系，但要讲清楚，怎么可以这
么不用心，丢下一句去帮我接就不管了。"

心理学上有个墨菲定律：凡是可能出错的事有很大的概率
会出错。很多意外就是这样发生的，说话者没有用心思考一下
听话者的背景知识，阴错阳差，悲剧就发生了。

哈佛有位教授在上课时问学生："下课前，有时间听我讲个故事吗？"学生都看看手表说："当然有。"他再问学生："现在是几点？"结果刚刚看过手表的学生要再看一次表才能回答。我们都很纳闷：不是才看过时间吗？怎么会不知道时间呢？他解释说："学生第一次看手表时，不是看时间，而是在看离下课还有几分钟，够不够让老师讲故事，所以就不知道具体的时间，必须再看一遍。"

视而不见，阻碍创造力

其实，我们看东西不是用眼在看，是用心在看，只看得见预期的东西。（All that we see are our visualization, we see not with the eye, but with the soul.）从小，我们学会在特定情境中寻找特定的东西，心中预期要找的东西就会使我们忽略了不在预期中的环境和事物，因此就对它们视而不见了。

这种只看一件东西的标准答案式教育，对创造力非常不利，因为创造力的定义就是"在每个人都看到的东西中，看到别人没看到的"。孩子必须能从不同的角度去看事情，才会产生创意。在还有八天才出生的小猫大脑的摄影中，我们看到它大脑神经元有密密麻麻的神经联结。但等它变老时，同一个神经元的神经联结已不像小时候那么茂密。神经就是这样，用进废退，只剩下常用的变得很粗大，不用的已被修剪掉了。神经联结得愈密，愈容易触类旁通，所以小孩的创造力常比大人好，他们常观察到大人视线以外的东西。

凡事用心是成功的必要条件。在科学上，一个问题界定好了，答案就出来了一半，诚如大家熟知的"芝诺悖论"（Zeno's Paradox）：如果每次都朝目标前进一半的距离，将永远无法到达目标。也就是说，如果我们每次朝家门走一半的距离，将永远进不了家门。如果把这个悖论反过来，那就是：每次只朝目的地走一小步，不论这一步有多小，总有一天会到达目的地。所以，我们应该鼓励孩子去做任何事，即使做得再慢，也会有达到目标的一天。

"世上无难事，只怕有心人"，人生的任何问题都在于我们如何界定。登高自卑，行远自迩，别怕孩子学得慢，只要用心，他一定会成功。

激发创造力，发展软实力

创造力究竟是什么？如何培养创造力？

让我们从阅读做起，从根本上去发展学生的创造

力吧！

中国台湾创意界一直在世界上处于领先地位。2010年全球四大设计奖——iF奖、红点奖、IDEA奖和日本的G-MARK奖中，台湾地区一共拿到958个奖，包括24件第一名的金奖。在iF设计概念奖，全球100件参赛作品中，台湾地区拿到31个奖，是世界第一；在产品设计奖，全球43个国家和地区2756件参赛作品中，台湾地区拿下93个奖；尤其在红点中，台湾地区的学生拿到"Best of the Best"大奖，使全世界开始重视中国台湾的设计力，2011年iF奖的颁奖典礼在台湾地区举办。

这证明了只要有实力，只要凭本事拿奖，人家都会来。莎士比亚说："玫瑰换成别的名字，一样的芬芳。"实力才是真正的竞争力。

仔细看一下得奖者名单，我们就会发现得奖者并非精英名校的学生，而是来自各技职院校。比如有一次，台湾科大拿了14个奖，是全球单一学校获奖最多的学校。这些过去不被人注意的"后段班"学生，如今在世界创意舞台大放光芒，我们不禁要问：创造力究竟是什么？它跟智慧有关系吗？我们又该如何培养创造力呢？

对于创意的错误观念

创造力与聪明才智之间不是绝对的线性关系，只要智力过了门槛，人人都可以是创意人。它跟思想的灵活度和背景知识的多寡成正比，换句话说，有创意的人是神经连接最密的人。从神经学上来看，所谓的创造力就是神经回路的活化，当两个不相干的神经回路碰在一起，活化了第3条回路时，新的点子就出来了。这正是古人说的"触类旁通""举一反三"。一些过去没有被联想在一起的念头，串在一起之后，就萌生了新的创意。

因此，有创意的人不见得成绩好或者擅长考试，反而可能是学习不专心、喜欢玩游戏、不肯乖乖坐在教室中读书的孩子。因为想象力是创造力的根本，一个不曾做过白日梦的孩子，怎么可能有创意呢？已经过世的著名广告制作人孙大伟就是一例，他在求学时，曾被老师说资质太差，无法造就。

中国台湾目前的教育方式其实是不利创意产生的，因为考试着重的是标准答案，不允许其他可能性，而创意的产生需要灵活跳跃思考的空间，跟考试的方式格格不入。尤其，我们的社会还是不看重有创意的人——常常是不会读书、考试考不好的孩子才会去学设计，这是错误的观念。

艺术家的可贵在于他们无可取代。世界上若没有莫扎特，就没有莫扎特的音乐；没有毕加索，就没有毕加索的画。但没有牛顿，微积分还是会被发明出来——事实上，德国的莱布尼兹跟牛顿同时发明了微积分。很多发明是因为时机成熟，所有的条件都已具备，你不发明别人很快也会发明。电灯泡就是一例，爱迪生只是比别人抢先了一步而已。

创造力的神经机制

可惜的是，中国台湾的社会对创意产生的神经机制并不了解，对有创意的人也不珍惜。画大婶婆阿三哥的刘兴钦，是中国台湾专利拿得最多的一个，但是很多人不知道他是谁。到现在，父母老师还是一直鼓励孩子死背书，不了解人的神经回路会因一再重复背诵，使其他神经回路的连接因不用而萎缩，反而扼杀了创意出现的机会。

我们的大脑就像一片大草原，一条常常走的路，上面的草都被踩平了，所以路就凸显出来，而且走的人愈多，路变得愈宽广。同样地，一条路许久不走，草就慢慢长出来，再久一点，路就被荒草淹没，最后没有人知道曾经有这么一条路了。

这就是小孩常比大人有创意的原因——他们可以看到很多大人看不见的一面。例如，一个小朋友在飞机上跟他母亲说："妈妈，我现在是天使了，因为我在飞。"一个在医院里吊点滴的女孩子说："点滴瓶是眼泪缸，眼泪流光，我的病就好了。"一般大人是想不到这些类比的，他们通常只看到同一面，因为神经回路已经定形了。

产业创意的来源

艺术的创造和产业的创造机制相同，但要求不同。产业的创造要求必须有实用价值，而艺术则不必。基本上，产业创意大多是改进已有的产品，因为"太阳底下没有新鲜事"，大部分的创意来自修改已经存在的东西，使它变得更好用或更符合现代人的生活需求。因此，产业创造的动机通常是为了解决一个问题，例如有一个创意：就是当你进入停车场按钮取票时，票上会列出停车场中尚有的空位，而不必一直兜圈子去找，既省时间又省汽油。

它的原理其实不难：现在有很多无人看管的停车场，车子停好后，地上挡轮板会竖起来，使车子开不出去；当你要取车，在自动缴费机中缴了费后，挡轮板就躺下来，让车子可以顺利开出。另外，美国很多十字路口，深夜后，干道一直保持绿灯，但是只要支道的路口感应到车子的重量，绿灯就会变红，等支线的车子一过，又马上换回绿灯，保持主线畅通。

只要在停车场地下先埋好重量感应器，当空位上停了车子，车子的重量就会使那个停车格光点消失，剩下还有光点的就是尚未被停的车位。利用这个机制，车主可以轻松知道哪里还有空位。这个创意其实是把一些已经知道的东西串起来，形成新的用途。所以，背景知识愈广就愈能产生创意。如果你不知道有自动停车场的这些设备，也不知道有重量感应器，就不会想到可以利用它去改进停车的流程以节省人力成本。

缺乏背景知识的错误创意

广泛的背景知识带给我们的其实就是普通常识，若没有普通常识，再好的创意也枉然，因为判断错误时会弄巧成拙。"Kool-Aid"是美国儿童很喜欢喝的一种饮料，2011年2月，美国印第安纳州普渡大学附近有个大型广告牌，上面画着一杯饮料，旁边写着："我们就像是更好的 Kool-Aid 宗教团体。"（We're like a cult with better Kool-Aid）下面一行是"值得为它去死"（To die for）。

这个广告引起了轩然大波，广告牌不但被迫取下，广告公司的老板还出来道歉。因为它指的是1987年，圭亚那一个镇上900人喝了渗有氰化钾的"Kool-Aid"集体自杀事件。这个宗教团体的主持人叫琼斯，他号召许多心灵空虚的年轻人追随他到圭亚那去垦荒，不知为何，那些男女老少却都服毒自杀了。这个惨剧震惊了全世界，也使"Kool-Aid"蒙上了阴影。

写广告的人自以为幽默，用这件事来表达饮料好喝，值得喝了去死，却没有想到引起众怒。

所以说，创意者必须多读书，若背景知识不够，普通常识也没有，再自以为幽默，就会弄巧成拙，触动到大众对生命尊严那条敏感的神经。不但创意失败，还会弄得灰头土脸，让别人来为你收拾残局。

阅读能促进创造力

其实创造力的神经机制就是阅读，因为阅读是促使神经连接的最好方法。好的创意者必须拥有宽广的背景知识，使我们的神经连接网络稠密，容易触类旁通，让新点子出来。多阅读也使我们有足够的普通常识，来判断所做出的创意有没有品位，会不会惹人讨厌。不好的广告会让人看了不舒服，迫使行人低头快步走过这个广告牌，反而失去了广告效用。

一个创意要引人注意，除了新鲜，有没有品位更重要。同一主题，有品位者来做就不容易引起公愤。例如和男性生殖器有关，1994年有个广告就做得非常好：在欧洲一个古城的修道院中，有个比利时的小童像。某晚，一个修女匆匆来找院长，因为小童像的某细处断裂了。慈祥的修道院长看了一下断裂的部分，微笑说："没有关系，我有办法。"接着打开抽屉拿出3M的3秒强力胶。广告到此结束，让观众留下温馨的微笑。

品位来自修养，创造力跟一个民族的文化和修养很有关系，这也就是现在所谓的"软实力"。我们知道，19世纪的财富在土地，20世纪的财富在劳力，21世纪的财富在脑力。当下，竞争力就在脑力上，所以只能从阅读做起，从根本上去发展学生的创造力！

第二章

教养与教育

我们与其责备这一代的孩子是温室里的花朵，不如撤去温室，让他们体验一下暴风雨。

不过，孩子的心是柔软的，要保住孩子的赤子之心，就要在他的心被社会磨硬之前，制造让他感动的机会，让他从善待、包容、服务他人中看到自己存在的价值，领略生命的意义。大胆让孩子去体验生活，就是对他最好的教养。

在本章中，洪兰老师将主要解决我们以下的困惑：

○ 为什么有人愈挫愈勇，有人一碰就倒下？

○ 性情和基因有没有关系？

○ 年轻一代不能吃苦、抗压性弱，怎么办？

○ 如何夸奖孩子最有效？

○ 什么是孩子最喜欢的精神奖励？

管得愈多，反弹愈大

父母不能管太多，因为我们不可能照顾孩子一辈子，但训练孩子独立不是万事由他去，因为学习需要纪律。

有一天我演讲完后，一群妈妈围上来。有位妈妈说，她为了鼓励孩子阅读，特别在新居规划了一间阅读室，里面有沙发、音响、不伤眼的日光灯，但孩子还是不喜欢看书。我问她给孩子看些什么书，她报出一长串的世界名著。

这就难怪了，孩子不喜欢，怎么肯看呢？

有意培养孩子阅读习惯的父母，一开始应该让孩子自己选他喜欢看的书，不必急着要他读世界名著。一旦孩子享受到阅读的乐趣后，他有一辈子时间可以慢慢地和书为伴。父母也不必花大钱买沙发，看书用什么姿势都没关系，站着、坐着、躺着、趴着都可以看。阅读是随时随地都可以做的事，不要让孩子以为只有在教室或书房中才能阅读。

另一位妈妈则说，她孩子很爱看书，但不爱做功课，每天回家敷衍了事，把功课赶快做完，就去看喜欢的书，她也很烦恼。其实人生不可能事事如意，总得做些自己不喜欢的事。我父亲常说："先做你必须做的事，你会发现，突然之间，你有时间去做你喜欢做的事了。"在21世纪，知识已不分课内和课外，只分有用和没用。背景知识愈广，读课本愈轻松，与其硬性规定未做完功课不准看课外书，不如把时间的支配权交给孩子。

建立纪律，让孩子学习独立

有时父母管得愈多，孩子反弹愈大、学习效果愈差。如果什么都替他规划好，孩子失去了自主权，反而会认为"这是你的事，不关我的事"。我们常看到，在后头一直催的母亲，孩子走路反而慢吞吞的；一直提醒孩子带东西的母亲，孩子反而经常忘东忘西。所以我们还不如告诉孩子，从放学回家到就寝前，这段时间都是他的，只要把功课做完，时间由他自己分配。功课做得快，多一点时间玩；做得慢，少一点时间玩。妈妈信任了他，他就不可以让妈妈失望。你会发现，孩子将因为你信任、尊重他而更加自重自爱。

父母不能管太多，因为我们不可能照顾孩子一辈子，但训练孩子独立也不是万事由他去，美其名曰"自由发展"。我曾见一个七岁大的女孩，一个不高兴，就摔她母亲的门。我大吃一惊，问她母亲怎么可以容忍孩子如此不礼貌？她母亲无奈地说，她是按照英国的一所学校的教育方式在教孩子，让孩子身心自由发展，结果就变成这样。

这根本就错了，自由发展不是任性发展，更不能一言九"顶"——母亲说一句话，孩子顶九句。纪律非常重要，孩子需要从小学会尊重他人，一个没有纪律的孩子，是无法专心学习的，因为学习需要纪律。

一场演讲下来，我发现父母的问题还真多，但综合起来，都跟管教有关。柳宗元在《种树郭橐驼传》中说：种树不难，"其本欲舒，其培欲平，其土欲故，其筑欲密"。意思是：树种好了，就不必天天把树挖起来看有没有活。教养孩子也一样，家中规矩定好了，就不必天天问他过得好不好。只要我们持之以恒，孩子自然成长。

教学生有用的东西吧！

"学以致用"是教育的目标。

如何让孩子在学校有意义地过一天，是我们大人的责任。

教育是为学生入社会做准备。根据《天下杂志》的调查，在学校所学的，入社会后用得到的只有24%，有76%用不到，这是多么大的青春与脑力的浪费。从另外一方面来说，学生在学校里上了这么多课，生活常识上又非常的不足。例如，报载有大学生在旅馆床上点蜡烛为女友庆生，结果把旅馆烧掉；高中生在学校生下了孩子还不知道自己怀孕了。这都是令人匪夷所思的事。

品德教育方面就更差了，大学生霸占博爱座还打人；捡到钱要留置金；自私地在洗脸盆上洗拖把，不管室友接下去如何再洗脸。

"只重知识，不重品格与生活能力"正是我们教育的盲点。

不是每个学生都会读到博士或者去做医生，很多孩子高中毕业后就必须就业，负担家计，三角几何对他们来说，不及如何在职场谋生有用。智育挂帅的结果是，我们培养出了许多生活白痴，反而阻碍了社会和谐。

最近，终于有人认识到这个问题。台南有一所小学，把课后辅导的时间拿来教小朋友如何安全使用煤气炉，替自己煮一顿简单的晚餐。我从报上看到学生们个个兴味盎然，很兴奋地在学习，与平时上课判若两人，实在令人感慨。因为孩子今天学的，回家马上派得上用场，所以说，"学以致用"，学生才会想学。

教学应该要有弹性

20世纪60年代有部非常好的电影《吾爱吾师》，波蒂埃（Sidney Poitier）饰演一个工程师，在找不到工作期间，暂时到伦敦东区贫民窟一所中学代课。那里的学生对上课没兴趣，他们要的不是物理化学，而是如何在人吃人的社会中找口饭吃。他们言语粗鄙，仪态不雅，没有一技之长。

这位老师明白只有教对学生们有用的知识，他们才会学。于是他改变教学内容，一方面请女老师教学生们穿着打扮，一方面教学生们如何用最少的钱过一天。他带他们去参观大英博物馆，打开他们的眼界；念伟人传记给他们听，激励他们上进；从日常生活中，教他们做人的道理。有一天，梦寐以求的面试信终于来了，但他最后把信撕掉，决定留下来继续教这些孩子，因为一个孩子心智的启发是不能用钱去衡量的。

以前这些基本的生活技能，孩子们是从模仿父母行为中习得，不需要特别去教导。如今很多家庭功能不彰、父母离异或失亲，孩子无处学习。如果学校再不教，就没有人教了。因此，教学应该要有弹性，每个学校可以根据学生的需求，发展一些对孩子有用的课程出来。如果一个学生连26个英语字母都记不全，教他文法又有什么用呢？你能怪他整天趴在桌上睡觉吗？

达·芬奇说："充实的一天带来好眠，充实的一生带来安息。"如何让孩子在学校有意义地过一天，是我们大人的责任。"青春一去不再来"，不要抱着过去僵化的教育观念不放，教他些有用的东西吧！

父母的态度才是关键

性情和耐挫力有没有基因上的关系？为什么双胞
胎脾气截然不同？为什么有人愈挫愈勇，有人一碰就
倒下？

朋友的一对双胞胎今年上小学了，但是姐妹两人性情十分
不同，姐姐性急，妹妹慢性子，每天早上都为上学吵架，令
她很困扰。因为双胞胎外表相同，她便很自然地认为个性也应
该相同，所以很想不通，为什么同一对父母带的孩子会这么不
同。性情有基因上的关系吗？

这真是个好问题，相信很多父母都有这个疑惑。从研究来
看，答案是有，但相关度很低，只有0.4。异卵双胞胎或兄弟姐
妹，在性情脾气上的相关度只有0.15到0.18。中国人常说"龙
生九子，各有不同"，所以我们本来就不该期待老大跟老二个
性一样。同时，脾气不等于个性，两者间不能画等号，个性是
建立在脾气之上的。不过，一般来说，脾气是可以改的，如写

《背影》的朱自清，他做事很慢，所以给自己取字"佩弦"，意思是提醒自己快一些（性子急的人就给自己取字"佩苇"，要自己慢一点）；改变个性就比较难，所谓"江山易改，本性难移"。人的行为是先天和后天的交互作用，有决心就一定能改。有句话说："情绪维持几秒，心情维持一天，性情是终生打造。"因此，父母可以从情绪着手，改变孩子的心情，最后稳定成性情。

3种基因影响耐挫力

还有一个大家都感兴趣的问题，就是耐挫力有没有基因上的关系？为什么有人愈挫愈勇，有人一碰就倒下？

有一个名叫米洛的孩子，他的人生经历很有代表性：父亲是个酒鬼，只要黄汤一下肚，就动手打人，凡是会动的都逃不过他的魔掌，被打得最多的自然是母亲，所以最后母亲忍受不了家暴，便抛下孩子离家出走了。母亲离家后，父亲就把气出在孩子身上，米洛变成他父亲练拳击的沙袋，每天挨打。米洛16岁时，他父亲当着所有孩子的面，用手枪把自己的脑浆打了出来。

在这种家庭长大，我们会以为米洛的人生一定完了，他的姐姐的确因为童年不幸陷入抑郁症的深渊，吸毒、酗酒，有反社会行为。米洛却完全不同，他14岁就懂得从烂醉如泥的父亲口袋中摸钱出来，买食物给弟弟妹妹吃。他数学很好，人缘也很好，拿书卷奖，是学生会的主席，最后用奖学金上了大学。他生性乐观进取，找到心爱的人结婚，生了两个小孩，组织幸福家庭，并且拥有自己的公司。从他身上完全看不出童年的辛酸。

现在，科学家从像他这样的孩子身上分离出3个相关的基因：第一个是MAOA慢基因，这个基因可以减少创伤的伤痛。MAOA分为慢和快两种，身上有MAOA慢基因的人，他会对童年的创伤免疫，痛虽在，却无法刺伤孩子。而有MAOA快基因的人，如米洛的姐姐，就会发展出典型的"受虐儿长大变成施虐者"的反社会行为来，因为这个快的基因过度刺激海马回和杏仁核，使创伤记忆留下更深的痕迹、痛苦更大。

第二个是DRD4-7基因，这个基因帮助孩子抵抗不安全感。DRD4-7是多巴胺受体D4-7，有这个基因的孩子，不安全感不会发展出来，就像在大脑外面包了一层保护层，使它不受伤害。没有这个基因的孩子会受到父母冷漠、喜怒无常行为的伤害，导致终生的不安全感。

第三个是长的5-HTT基因，这个基因可以抵抗压力。5-HTT是血清胺的传送基因，这个基因像一辆卡车，把血清胺运送到大脑的各个部位去，而血清胺跟我们的情绪、睡眠、记忆、动机都有直接的关系。这个基因有长的和短的两种，长的基因会保护大脑不受压力伤害，自杀危险性较低，反弹回来的可能性高；短的基因则会使负面反应高，容易忧郁、沮丧。这种人不太会调控情绪，也不太会交际。因此，有的孩子对压力敏感，有的孩子抗压性较高。不过，基因只是倾向而不是命运。事实上，人的后天环境非常重要，它会激发基因的表现。这就是为什么精神分裂症在贫民窟发生的概率比较高。

每个孩子本来就不同，请父母不要拿孩子跟别人比，也不必太在乎那些"别人会，自己孩子不会"的项目，因为一定也有"自己孩子会，而别的孩子不会"的地方。请用欣赏的眼光来看待孩子，家庭不该是"虎妈"说的"战场"。父母对待孩子的态度，才是真正决定孩子命运的关键。

从生活中学应变

孩子每天关在学校里读书，往往缺乏对人情世故的反应。尽量增广孩子们的见闻，多一分知识，就多一分保护。

美国著名教育家杜威说："生活即教育，教育即生活。"真是太对了！一个孩子不论平日功课多么好，若没有足够的生活经验，或是平常没有听过大人讲述社会的各种情况，那么事情突然发生时，还是会措手不及，反应不过来。

一个朋友跟我说，她念高二的儿子，有一天在火车上看到一位太太拎着伞和大包小包的东西下车，不小心把皮包遗留在座位上了。这孩子起初没注意到，是发现大家都往同一个方向看，他也转头一看，才看到座位上有个皮包，就是刚刚从他身旁挤过去的那位太太的，但列车已经开动，来不及叫她回来。

他知道他应该把皮包拿起来，交给列车长或车站的失物招领处，但是他穿着制服，绣着学号，害怕别人误以为他要这个皮包，所以不敢行动。结果一个女人很快挤过去坐下，把那皮包往她背后一推，假装不知道椅子上有皮包，再过两站，无人出声时，那个女人就拿起皮包下车了。

这个孩子非常懊恼，觉得他做错事了，回家跟母亲说。朋友打电话跟我说："你说得对，任何事情只要不是本能，都得教。"

她教儿子："你要先大声说：'哎呀！那位太太忘记她的皮包了，各位，有谁愿意跟我一起把它交给站务员呢？'你把皮包拿在手上，免得被坏人拿去，然后征询别人的意见，表示你不是要据为己有。到了下一站，就下车找站务员，和他一起把东西交到失物招领处。你又没做坏事，穿着制服有什么关系？大声说明你的意图，别人不会怀疑你，就算怀疑你，在看到你真的有找站务员也就释怀了。你这样做，那位太太才有机会拿回她的皮包。"

的确，正确的处理方式不是每个人马上就会想到的，孩子需要多听、多看。

帮孩子了解人情世故

我们的孩子很单纯，每天关在学校里读书，对人情世故的反应远不及美国同年龄的孩子，所以一入社会很容易受骗。美国宾夕法尼亚大学心理学博士萨克斯医生，一直提倡让孩子寒暑假和长辈一起住，让他们听一些前人的经验，并鼓励父母参加感恩节、圣诞节的家族聚会。

萨克斯医生说，孩子可以从大人的谈话中，学习到在书本上学不到的人生经验。我自己就得过这个好处，小时候听我母亲讲她逃难的经验，使我懂得避开可疑的人，出门远行也都能安全回来。

老师也可以在班上讨论社会新闻，教导孩子碰到那种情形时该怎么反应。例如有一次，一个穿短裙的女生被坐在她旁边的男子骚扰。那个男的一直靠向女生，手伸过去摸女生的大腿，女生一边拼命拉长裙子，一边躲。这时，有个高中男生拍拍女生的肩膀，叫她站起来让他坐。这个可爱的男生坐下来后就跷起脚来，把裤管卷高，露出瘦如鸟脚的小腿，大声说："要摸快摸，让你摸个够！"全车的人都爆笑，那个男子就匆忙在下一站下车了。

老师要教学生，在这种情况下，女生最好赶快站起来，走到公交车司机旁边，远离坏人；男生则要像这个高中生一样见义勇为。我们要让孩子知道，社会正义的维护是所有公民的责任，今天让这个人得逞，明天他就可能危害你的姐妹。

知识永远不嫌多，尽量增广学生的见闻，多一分知识，就多一分保护。

有好的表演场地，艺术教育才能提升

艺术、音乐是陶冶民众性情、提升民众素质最好的
方式。政府的钱要用在刀刃上，用在造福全民、造福社
会上。

不久前我去台北中山纪念馆观看格鲁吉亚国家芭蕾舞团表
演的《天鹅湖》，芭蕾舞剧是将视觉、听觉结合在一起的美好
享受。我满怀期待地坐在底下等开幕。想不到音乐一响，我吓
了一跳，《天鹅湖》优美的旋律不见了，取而代之的是大声的
震动，虽然音符都在，但是没法让人感动了。怎么有如此粗糙
不堪的音响设备？这不是我们的台北中山纪念馆吗？我回头看
了一下其他观众，每个人的眉头都皱了起来。

柴可夫斯基的《天鹅湖》非常有名，大家都很熟悉，所以
知道它应该是什么样子的。不像陌生的曲子，不好听时，你还
以为它本来就是这样。那天的表演非常精彩，但是我看完心中
像压了块大石头似的很难过，为什么我们的政府肯花巨资放烟

花，几分钟钱就烧掉了，却不肯把钱投在改善表演环境呢？30多年老旧的音响设备实在辜负了一流舞者的精湛演出。

过去，我一直觉得中国人很务实，或许是因为以前穷怕了，我们什么都以实用为主。近年来，大家却愈来愈虚华，专做些表面功夫，不把时间、金钱和精力去做固本的事。艺术、音乐是陶冶民众性情、提升民众素质最好的方式，政府却没有把钱花在美育上，反而把钱拿去盖没有飞机起降的飞机场和蚊子馆。

从艺术表演看国家形象

屏东县小琉球的四所小学没有一位音乐老师，那里的孩子连小提琴都没见过，更不要说什么叫音乐演奏会。我去小琉球演讲，看到他们的情形后，心中非常难过。军乐队去小琉球演奏过三场，让孩子开了眼界，这次敦亲睦邻去亲民，让所有人都深受感动。孩子则兴奋到晚上不肯回家，围着团员摸木管、铜管等新奇的东西，最后校长请老师出动才把孩子赶回家。

我这次在台北中山纪念馆的感慨比看到跨年晚会烧钱更深，因为这还事关我们的脸面。芭蕾舞结束谢幕时，首席舞者妮娜·安娜妮亚舒薇莉拿着格鲁吉亚的国旗出来谢幕，我非常感动。

那天的表演，让我们对这个小国家有如此高水平的芭蕾舞团刮目相看。同样地，她们来到中国台湾，难道不会因为台北中山纪念馆的音响设备而对这里的印象大打折扣吗？我父亲以前常说"人两脚，钱四脚"，人追不上钱，所以钱永远都不够。但是，怎么用才能使一分钱得到十分钱的效益，那就是智慧了。钱要用在刀刃上，用在造福社会上。

所以，请改善台北中山纪念馆的音响，给大众一个艺术教育、培养美育情操的机会，也给表演者一个可以发挥的场地吧！

将心比心，消除霸凌

消除霸凌，需要家庭、学校、社会三方通力合作：父母要做好榜样，老师要控制好情绪，社会要提供良好的环境。

据报载，一位父亲重金聘请保镖每天护送儿子上学，儿子上课时，保镖就坐在警卫室，以便随时可以出来"护驾"。这真令人感慨，天下父母心，谁舍得自己的孩子被霸凌呢？但是这位父亲不了解，更厉害的霸凌是语言上的羞辱，是人际关系上的排斥，而这些都是保镖帮不上忙的。

有位妈妈说，她的女儿无故被老师骂了一个早上。女儿认为自己没有做错，强忍眼泪，结果老师说："我骂了你这么久你都不哭，你到底有没有廉耻心？"女儿忍到回家才大哭起来，说她拼命忍住眼泪，是因为她不愿屈服于老师的权威和无理。从此，这孩子就不喜欢上学了。

霸凌可以发生的地方太多了，我们以为温暖的家，其实也是一个场所。许多父母因为孩子成绩不好而怒骂或羞辱孩子。上次我去香港演讲，正好寒流来袭。晚上10点半，有个小学生在街头徘徊，我的朋友用广东话问了他半天，后来叫了一辆出租车送他回家。朋友回来跟我说，这孩子考不好，不敢回家。因为早上出门时，妈妈说了一句："考不到100分，不要给我进家门！"孩子就真的不敢回家了。孩子的天真令人心疼，也叫人感慨亲生父母竟说得出这种话来。

每个人都有责任

父母在家中讲话不要语带讥讽，不要以成绩作为孩子成就的唯一指标，更不可以用爱作为威胁的条件，说"考不好就不爱你"之类的话。我们的父母很势利，功课好就有笑脸；功课不好，品行再好都不屑一顾。现代的孩子很像古代的苏秦，未佩六国相印前，回到家，妻子、嫂嫂都不下织布机，连饭都不煮给他吃。

父母也不要动手打孩子。最近有一个爸爸说，他3岁的儿子在地上耍赖，让他很火大，就把儿子抓起来揍了一顿。第二天，幼儿园老师打电话来说，他儿子在学校打人，一边打还一边说"看你敢不敢"。这下，他被吓到了。

英国的布鲁姆爵士说："如果一个人学到的东西可以擦掉，那么孩子在幼年时所学的东西，要用一生的时间来擦；而从老师那里学来的学问，不到一周的时间便可以完全清除。"

学校是孩子一天花8小时生活的地方，非常重要。老师要控制好自己的情绪。几米说得好："小孩火大时，大人保持冷静；大人火大时，小孩赶快逃命。"

霸凌有三个层次：身体、语言和忽略。忽略一个孩子，不理他、排斥他，是最严重的霸凌。曾经有个孩子有多动倾向，母亲就为他报名舞蹈班、美术班。老师受不了这个多动儿在班上的骚动，便告诉同学："不要理他，把他当作空气。"这句话的杀伤力很大，孩子反而更会去骚扰别人，以引起注意。

其实，父母应该让孩子多运动，利用运动时所产生的多巴胺，来弥补多动儿大脑中多巴胺的不足，而不是把孩子送去上才艺课，这样不但折磨孩子，也折磨老师和同学。

社会的责任在于提供孩子良好的生长环境，政客和媒体要自制，不要用打架、辛辣的语言来博取上镜头的机会；媒体也不要拍这种镜头，让他们得逞。模仿是最原始的学习，孩子会上行下效的，媒体不可以推波助澜。

总而言之，"孩子要靠保镖才能安全地过一天"是社会之耻，家庭、学校都有责任。请每个人将心比心，共同把消除霸凌的责任担当起来。

鼓励的力量

柏拉图说："善行给我们自己力量，也激发别人行善。"

相信别人最好的一面，常会激发出他最好的表现。

10年前我做婴儿实验时，老师传授我们使婴儿不哭的秘诀。他说："微笑是国际语言，是一切沟通的基本，包括跟动物的沟通在内。"当你板着面孔快速接近你的宠物时，它会逃走；受虐儿童对人面孔的表情尤其敏感，他们在侦察愤怒的表情上比一般人快了0.002秒。你对待别人的方式就能反映出你自己是个什么样的人。而保持微笑，才会得到好的实验结果。

老师的话后来被证实了。桃园机场部门负责人来信告诉我在全球100多个国家和地区240个机场的安全检查比赛中，他们拿到第一名，打败了日本的名古屋和韩国的仁川。我看了非常高兴，想不到一点点的鼓励可以产生这么大的效应。

这件事源于我一次出境，经过安检时，看到前面的旅客行色匆匆，忘记把已经通过 X 光机的外套拿走。旁边的航警很快就发现了这件夹克，就大声地问："谁的外套忘了拿？"连问数声都没有人应时，他马上拿起大喇叭开始广播。那时我已在排队准备通关，听到他的广播又看到物主丝毫没反应（大概太全神贯注在等通关了），忍不住上前去拍拍那个人的肩膀说："那不是你的夹克吗？"那人才仿佛大梦初醒，前去把夹克拿回来。

虽然这只是件小事，我却对航警的热心非常感动，这不是他分内之事，他的责任只是站在检查站旁监督旅客过关，但是他额外多做一点，举手之劳就使那位旅客下了飞机免去受冻之苦，这才是服务的真谛。于是我在报纸上把这件事写了出来。

当时桃园机场正因建筑老旧漏雨、里面的食品卖得又贵被质疑，但这短短的一篇赞美文章鼓舞了他们的士气。而当士气被提升起来后，航警值班时更是面带笑容，服务也更亲切，正向反馈的结果使他们拿到了安检比赛第一名，这消息实在是令人高兴也让人感叹。

不知为何，中国人总是吝于给别人掌声。研究发现，在一般的家庭中，小孩子每接受其他家庭成员十句负面的评语，才会得到一句正面的评语；学校中，老师责骂和赞美学生的比例是7∶1。难怪我们的孩子在成长过程中，总觉得自己是失败者，因为大人不停地灌输这个讯息到他脑海中。

《亲子天下》曾做过一个调查，父母对孩子说话中，频率最高的一句是"快去念书，快去写功课"。他们只在乎孩子分数，不在乎孩子的感受。漫画家几米说得好："当风可以这么温柔地对树说话时，为什么父母总是学不会温柔地对孩子说话？"

心理学家马斯洛说："如果你手上仅有的工具是锤子，那么你会把所有东西都看成钉子。"其实，好人也有做不对事情的时候，坏人偶尔也做些好事，相信别人最好的一面，常会激发出他最好的表现。柏拉图说："善行给我们自己力量，也激发别人行善。"

那么，我们何不在看到好的行为时，嘴张开来赞美，手伸出来拍拍掌多鼓励一下呢？

点燃老师传道的热情

教师是个志业，不是职业。我们应该提升老师的专业和热情，使他们愿意献身教育。

朋友的孩子一心想要开家有品位的餐厅，几番努力后，餐厅果然开张了，近千万元的装潢，又请服装设计师特别为服务生设计制服，真是美轮美奂。但是，他忘记了餐厅最重要的是厨师，菜不好吃，装潢再好也是枉然，勉强撑了六个月就倒闭了。我听说这个消息很是叹息，现在很多事都本末倒置，难怪很多事都做不成。

良师是人师而不是工匠

教育的主体是老师，不是校舍，但是现在连最偏远的地方校舍都盖得很漂亮，里面的图书和运动器材却严重不足，尤其是师资。最近台湾地区的教师要改工时制，每周40小时，这更是本末倒置了。教师是志业，不是职业；它是责任制，不是工时制，政府应该把重点放在提升老师的专业和热情上，使他们愿意献身教育，而不是把老师当成职工，工厂汽笛一鸣就收工。

美国老师在毕业前，都会收到校长的一封信："100年后，你开什么样的汽车、住什么样的房子、银行里有了多少钱，已经没有人在意了，但这个世界会因你曾是一个孩子生命中重要的人而不一样。"

这封信件的目的就是勉励即将成为老师的年轻人们为理想奉献，不要计较世俗的东西。

心灵的启发不能用钱去衡量，你不知道什么时候这个孩子可能发明了癌症或阿尔茨海默病的新药而改变世界。世界会因为这孩子而不一样，这孩子会因为你而不一样。我们应该尽量想办法提升老师的社会地位，使他们以自己的贡献为傲。老师若没有这种传道的热情，充其量只是个教材的留声机而已。教育要有前途，老师一定要是经师和人师，所以请不要把老师当工匠看待。

追求完美，让孩子畏首畏尾

假如年轻人应该是"天不怕、地不怕"的话，为什么我们的年轻孩子这也怕、那也怕？

3月是甄试的季节，今年硕士班与往年不同的是有许多陪考的家长，把休息室挤得满满的。我很不解，这些学生大学都毕业了，怎么还需要父母来陪考？难道怕走丢？一天口试下来，我心情很沉重。

现在的孩子生理上愈来愈早熟，心理上却愈来愈晚熟，大学生给人感觉好像高中生——怯生生，低着头，问三句答一句。我怎么看，都没看到年轻人壮志凌云的抱负和豪气干云的气势。

美国有名的大法官霍姆斯，有一次在路上散步，有个小女孩跑来跟他一起走，走了一会儿，女孩要回家了，霍姆斯就跟她说："假如你妈妈问你跟谁在一起时，你就告诉她，你跟霍姆斯一起散步。"女孩说："好。假如你妈妈问你时，你就说你跟玛丽在一起。"我非常喜欢这个小故事，它完全表现出这个小女孩的自信。年轻的可贵就在于阅世不深，不知天高地厚，敢到处去闯。

假如年轻人应该天不怕、地不怕的话，为何我们的年轻人这也怕、那也怕？考试还要妈妈陪？教育怎么了？为什么一个很有自信的孩子，受了16年的教育后，变成畏首畏尾、不敢大声讲自己心里话的人了呢？

犯错是孩子磨炼的机会

前阵子我在屏东凤梨田中见到"凤梨王子"郭智伟，外销凤梨一年1000吨，其中销往日本400吨、销往大陆300吨。为什么才33岁的他就已拥有自己的商业王国，而我们的学生给他没有削皮的凤梨还不会吃？原因之一是，他很早就看到21世纪的农业要走企业的路；他看多了谷贱伤农，辛苦一年却常血本无归的悲惨；他要使农人不再看天吃饭。另一个原因是他懂得从失败中习得教训。他曾因为订单太大，调了别人的凤梨来，结果被日本检查出有农药残留而遭全数退货，损失几百万元。

人是"不经一事，不长一智"，现在他绝对不会再犯这个错。严格把关的结果是把"绿地"这个品牌打响了，可以销往任何地区。所以，人不怕犯错，只要不犯第二次就好。

目前，我们整个教育都还在要求完美，错一题打一下，不允许孩子犯任何错，这样要求的结果是使孩子裹足不前，不敢追求自己的理想。反正跟着父母最安全，不做就不可能错，他们忘记了"不犯错就不会有发明"，许多发明都是来自错误的修正。

现在，学校招收研究生已经不太在乎他的学业成绩了，只要有学习的能力，随时可以学。我们看重的反而是他的普通常识和应变能力，父母平日若是只要求孩子把书念好，不要他参与生活的细节时，我们看到的就会是像小学生般的大学生。"年轻人延后成熟"对社会是不利的，会减少生产力。我念大学那一年，正逢第一届男生在上大学前先去成功岭。开学时，我们都发现班上男生成熟了许多，所以孩子是需要磨炼的。

停在港口的船最安全，但那不是造船的目的，父母们，请三思！

良师与良才

老师是教育的灵魂，引发学生的动机，开启他的心智。没有好老师，美轮美奂的校舍只是桎梏孩子心灵的高级牢房。

我们一起小学毕业的同学，现在多已届退休年龄。或许是人生责任已了，时间也多了些；或许是想到来日无多，能聚一次算一次，最近只要有同学从外地回来，就有人发起聚餐。

这次回来的同学，我对他印象深刻，虽然毕业50年了，我还记得他，因为每次写作文他都搔头挖耳，在椅子上扭来扭去，硬是写不出来。早期作文是用毛笔写的，他上作文课时，总弄得一头一脸都是墨，老师曾问他："为什么你的字不写在作文簿上，要写在脸上呢？"见面时，大家问他这些年在外地做什么，没想到他竟然在大学里教中国文学，跌破所有人的眼镜。

原来，他初中时遇到了一位好老师，这个老师博学多闻，上课时旁征博引，十分生动，很能引发学生的兴趣。例如，上到《论语》"逝者如斯夫，不舍昼夜"时，老师就引李白的诗跟他们说："前水复后水，古今相续流。新人非旧人，年年桥上游。"又用崔护的"去年今日此门中，人面桃花相映红。人面不知何处去，桃花依旧笑春风"，把历史上跟时间有关的诗词讲给学生们听，让他觉得上中文课很有趣。

老师又常常要他们去想象诗词的境界，用大家熟知的画图方式，把诗词的意境表达出来。如"踏花归去马蹄香"，不是画马踏在花上，而是画一只蝴蝶围绕着马蹄在飞，把"香"表达出来；画一个人坐在船艄侧耳倾听，把"夜半钟声到客船"的"钟声"两个字的意思表达出来。他喜欢这种有创意的挑战，不知不觉就喜欢上了中文，最后走上了中国文学之路。

老师是教育的灵魂

我们听了都非常感动，这位老师可以说造就了同学的一生。谁能想到，小时候连作文都不知道怎么写的他，长大后会成为国文老师呢？所以教育的目的不是在于老师教了什么知识，而是他怎样引发学生的动机，开启他的心智，像我这个小学同学的老师一样。因此，老师的责任在启发、在开导、在为学生创造机会。教学最不能做的就是照本宣科，如果老师上课是捧着书念，那么学生自己回家看书就可以了，何必来上学？

最近看到记者报道，各地小学自然科师资缺乏，造成非专业的老师必须去教专业的课。老师自己没把握，只好照着书念，考试也不敢自己出题，只能买现成的考卷来考，甚至连答案错了都不知道，这真是个令人忧心的现象。

老师是教育的灵魂，抗日战争时期物资缺乏，没有设备，但有良师，西南联大上课用煤油灯，没有书本，就用钢板刻讲义，这样也教出了李政道、杨振宁等人才。而且其中只有15%的老师是专科老师，比例真是低得骇人听闻。小学是打根基的时候，小学生是最好问问题的，那么小学老师怎么可以不专业呢？

请把教育经费用来培育师资吧！没有好老师，美轮美奂的校舍只是桎梏孩子心灵的高级牢房。没有好师资的学校，就像没有灵魂的身躯。一个社会的教育水平不在它有多少所学校，而在它教育出多少人才。印度很穷，但是印度理工科的毕业生全世界一流学校都抢着要，就因为他们学生的水平高。

没有良师，哪来良才？请重视这个现象背后的严重问题吧！

给孩子甜蜜的家

> 孩子最大的恐惧是没有人爱他，安全感是人类第一
> 要满足的需求，所以家是这么的重要，请给孩子一个甜
> 蜜的家吧！

安全感是人类第一要满足的需求，我在报上看到美国南部
亚拉巴马州遭受到龙卷风的袭击，一只小狗被龙卷风卷到几公
里之外，摔下来把前腿摔断。主人找不到它，以为没希望了，
想不到一个星期后，它一步一步地爬回了家。前腿断了，爬时
无着力点，真不知它是怎么拖着身体爬回家的。

我家以前养的猫曾经从兽医院逃走，三周后，也浑身是
伤，拼了命回到家门口才死。猫狗都如此恋家，人怎么可能不
爱家呢？

曾经有个实验，要受试者尽快讲出心中最重要的一个字，
结果不论男女老少，频率最高的字是“家”。小孩子更是恋
家，因为家是庇护他、使他能生存下去的地方。其实，就算成

年人，一发生事情想的也是赶快回到自己的家，家给人的安全感是没有什么可以取代的，所谓"金窝、银窝，不如自己的草窝"。《飘》这本书最让我感动的，就是斯佳丽那种不顾一切、一定要回家的信念。

所以，父母给孩子的最好礼物，就是一个温暖的家，让他安心地在里面成长。很多父母喜欢跟孩子开玩笑说："我不要你了，我要把你跟王家的妹妹换。"或是孩子不听话，便威胁他说："我叫警察来把你抓走。"更糟的是，孩子功课不好，便说："没有考100分，不要给我进这个家门。"这些话都会让孩子心生恐惧，有时就会反映在情绪的焦虑上，如咬手指甲、做噩梦甚至尿床。

阅读启蒙，投其所好

> 启蒙的书要适合孩子的性向、程度和兴趣，孩子要喜欢，才会读下去。

我最近去几所偏远的乡村小学演讲时，一位老师跟我说，他们将早上7点50分到8点30分作为晨间阅读时间，但成效不佳，学生还是不喜欢读书。一开始，他不知道为什么这些孩子不爱读书。直到有一天，他要学生把前一天读的故事书讲给他听，而学生竟然讲不出来时，他才发现这些孩子的背景知识不够，他们"有读没有懂"，看完一遍却不知故事在讲什么，所以说不出来。

这些孩子背景知识差到什么地步呢？这位老师说，孩子不知道什么叫"水坝"，他就用同义词解释："水坝"就是"水库"。想不到，孩子还是不知道"水库"。一个孩子说，水库就是游泳时穿的裤子。说了半天，全班没有人晓得什么叫水库。幸好现在乡村小学教室有网络，他立刻上网找了一段石门水库泄洪的影片给孩子看。部分孩子终于恍然大悟，原来水库是蓄水的仓库，在电视上看过；但是也有些孩子家中只看《星光大道》之类的综艺节目，仍然摸不着头脑。这位老师告诉我，没有背景知识，就无法有效阅读。

听了这段话，我心中很感慨。最近台湾"原民会"用了巨资把全台湾高山族的无线电视台碟型卫星接收器（俗称"小耳朵"）全数换新。为了执行预算，他们把几百个外观完整、仍堪使用的"小耳朵"全数拆除，换装新的上去，而那些八成新的"小耳朵"便被丢在地上，堆积如山。我就亲眼看到一座屋顶上有四个"小耳朵"。

其实一户哪需要这么多收视器呢？这些经费应该拿来帮助孩子，补充他们的背景知识（例如城乡交流）才对。

推广阅读，要考虑个别差异性

阅读不是本能，是后天培养出来的习惯，只要不是本能就得教。这些孩子的家中没有人可以念书给他听，为他启蒙，所以只能靠老师。学校推广阅读，是吸引这些孩子喜爱书本的唯一机会。要把孩子带进任何领域，首要是引起他们的兴趣，这就是我送书却不敢替学校挑书的原因。每个学校的生态环境不同，孩子一开始读的书最好与生活经验有关，一个马上看得见、摸得着的东西才会引发他们的兴趣。学校若在山边，山里的动物、植物就可以做到；若在海边，船和海里的鱼就可以做到，等他进了阅读的门，再来细细引导他读内容更深一点的书。

其实，只要故事有趣，书不怕难，字的笔画也不怕多。美国幼儿园的孩子对各种恐龙的名字都能朗朗上口，而这些字都很长，连大人都念不出来，所以挑书的重点在兴趣。研究发现，幼儿园的女生喜欢听公主、王子的故事，幼儿园的男生喜欢实际可以模仿的故事。所以我们选书时还得考虑性别差异，才能投其所好。阅读应该是"悦"读，一定要喜欢才会读下去。启蒙的书要适合孩子的性向、程度和兴趣。一开始，男女生可以读不同的书，到小学三年级以后再共读同一本书。讲故事时，老师要随时补充孩子的背景知识。我若不是亲身碰到，根本就不可能知道偏远乡村孩子没有看过电梯、小提琴，甚至没吃过冰激凌。

每个学校都有自己的特色，从特色着手，引发孩子的兴趣，持之以恒，孩子就能跨过阅读的门槛，进入知识的殿堂。这就是你送给孩子的，一生受用不尽的礼物。

学生不乖，请送校长室

既然过去的方法都没有效，何不让校长去处理孩子的不当行为，让老师专心教学呢？

又有两位妈妈来跟我抱怨，说孩子的班上有多动症儿童，老师整天都在骂这个孩子，严重剥夺了其他孩子的受教权，她们正在发动联署，要这个孩子转班。这是一个在校园常见的问题，不知为何一直不能妥善处理。

孩子不服管教是再平常不过的事，不妨看看别人怎么做。在美国，老师会写纸条，把孩子送校长室，请校长处理。因为老师也是人，人在气头上常会口不择言，报纸诸端常见有老师打孩子耳光等过度体罚的事件。当孩子一直讲不听（或听不懂），老师就失去耐性，下手就重了。如果请校长处理，老师就可以和颜悦色地上课，不必板着脸骂人，教学效果会好很多。

请校长处理的好处是，人只有一张嘴，老师在骂孩子，自然就不能讲课，这样的次数多了，别的孩子的父母就会抗议。此外，每个孩子都有自尊心，公开羞辱孩子是很不好的行为，固然有孩子会因此发愤图强，但有更多孩子会因此自暴自弃。

去校长室就不一样了，校长室门一关，言不出四耳，许多在教室坚决不认错的孩子，一进校长室就马上低头认错，请求原谅。但是一走出校长室，他又一副很"酷"的样子，对同学说："去了校长室又怎么样？"跟在校长室里面的行为判若两人，这就是孩子自尊心在作祟。尤其是高中的孩子，私下规劝的效果远比当众羞辱好。

送去校长室还有一个好处，就是校长不在事发现场，所以他拿到老师的纸条会先问："你为什么打人？"这番问话给了孩子辩说的机会："不是我打他，是他先打我的。"人都有良知，孩子做错事，他自己知道，适当的处罚，他会接受；孩子不接受的是被冤枉。

研究发现，两岁半的孩子就不甘于被冤枉了。如果孩子被处罚后一直哭或感到愤愤不平，请一定要蹲下来问他，是不是遭受了冤屈。一定不要让孩子含冤不白，有些性情激烈一点的孩子，会选择以死明志。有个初二女生被老师怀疑偷钱，搜身又搜书包，结果放学后家都没回，就在厕所上吊自杀了。

妥善处理孩子的情绪

在孩子成长的过程中，最重要的不是功课，而是情绪的正常发展。神经学家在人类的大脑中发现，掌管记忆的海马回神经细胞可以再生。人是终生学习的，孩子有一生的时间去学习，不必急于一时一刻。但是情绪处理不当，会使孩子厌恶上学，甚至产生负面人格。当一句负面的话要四句正面的话才可以弥补时，我们骂孩子怎么可以口不择言？

研究指出，学习要依靠"情绪"和"动机"。人在恐惧中无法学习，所以上课气氛要好。如果没有动机，就算老师讲得天花乱坠，学生也无动于衷。如果要真正有效教学，学校必须有弹性，老师的人数必须增加。也就是说，开窍晚、跟不上进度的孩子，可以到低一个年级的班去上课，或请爱心老师进行一对一的教学，但是其他的课要回到原班级上，因为孩子必须跟同学一起成长，情绪的发育才会正常。

传统的包袱，背不动的可以抛弃，"以不变应万变"是错误的观念。易经说："穷则变，变则通，通则久。"改革事在人为，只要有心，没有做不成的道理。

学习与不喜欢的人相处

入社会后，不能挑同事，也不能挑老板。孩子必须从小学习跟不喜欢的人相处。

据报载，某大学附属小学的老师要学生写出班上最喜欢和最不喜欢的三个同学，而且规定不准空白。这表示，即使没有不喜欢的同学，为了交卷，孩子也得捏造出几个来。结果被列入不喜欢名单的孩子，回家痛哭，不肯上学。

这则新闻看了令人非常诧异，也令人匪夷所思，怎么会有人拿学生的自尊心开玩笑？更糟的是，该校辅导室主任还强辩是为了了解小朋友的人际关系。这真是太离谱了！这样做不但不能了解学生的人际关系，还会分化学生之间的感情——"原来你不喜欢我。好，从今以后，大家走着瞧！"

中国台湾目前个人资料外泄的情形严重，倘若有一天，这个学生出来选民代或担任公职时，说不定就会有人拿这些资料来攻击，"某某候选人在学校是最不受欢迎的学生"。

这是件严重伤害孩子自尊心的事，而童年心灵的伤害烙痕又特别深。我有同事幼年时家贫，被同学看不起，不跟他玩，到现在都过了50年，他还是没忘记。

强迫学生写出不喜欢同学的名字，还有一个"定名"的作用。情绪本来只是一种感觉，靠情境把它定位，靠语言把它定名。例如我们听到负面评语时，无法马上决定要生气还是一笑置之。

语言会强化情绪记忆

情绪经过语言的加强后，就会在大脑中储存，若是没有语言的帮助，过一会儿这无名的情绪就会被忘记。把情绪诉说给别人听时，为了使人听懂，我们必须讲出事件的前因后果，这样会把一些原来不在一起的神经回路拉在一起，又为了合理化，说明自己是受害者而添油加醋，最后，小事就变成"此仇不报非君子"的大事了。

如果忍一下不说，情绪很快就会过去，心情又恢复平静。这是为什么五代同堂的家族都有"百忍堂"，如果不忍，五代就无法同堂住。

语言是记忆很重要的媒介。日本有个很好的例子：有个高中生毕业后，父母替他签了一年合同，把他从繁华的大阪送到九州山里造林。他一下火车，工头就把他手机里的电池丢到水里。他大吃一惊，正要抗议时，工头说："没有手机，不能跟外界通信，你才留得下来。"

果然，他每天都想找人诉苦，但是山中无信号，没有办法，只好去睡觉，还没有形成语言的感觉很快就忘记了。慢慢地，他习惯了山里的生活方式，也爱上了大自然的纯朴，最后契约期满可以回大阪时，他反而自愿留下来。

不要在孩子身上贴标签

很多情绪的事是愈讲愈糟糕，要孩子写下他不喜欢的人，等于把这个孩子贴上"我不喜欢他"的标签。在美国，老师不准孩子说不喜欢谁，愈是不喜欢的人，老师愈是要把这两个人编在一组。教育是为学生入社会做准备，入社会后，你不能挑同事，也不能挑老板，所以必须从小学习跟不喜欢的人相处。再说，人是互相影响的，说不定那个孩子只是没有人教他如何跟人相处，又何必那么早给孩子贴上"不受欢迎"的标签呢？

台中这所附小是个颇有声誉的学校，做出这种事非常令人惊讶。这是教育者需要深思的问题，根本不是一时疏忽的问题，这一点不容忽视。

用金钱当奖励的危险

拿金钱去鼓励某个行为，行为者会失去内在的驱动力。理想和热情才能支持一个人勇往直前。

一位家长写信给我，说她一直奉行"鼓励替代惩罚"，所以把给孩子的零用钱换成帮忙做家务的酬劳，例如，倒垃圾、洗碗一次50元；清理房间、考满分100元……一开始还好，现在老大升上初中，老二念五年级后就不灵了。如果他们不缺钱就叫不动，老大还会说"现在通货膨胀，妈妈付的钱两年没有涨价"，要求加薪。她来信问怎么办？

在行为主义盛行时，心理学家发现，饥饿的动物进了实验室后会很努力地工作以换取食物。哈佛大学的斯金纳发表了有名的"报酬率"，后来科学家们又发现，猴子会为了好奇心去做没有报酬的行为。看来除了胡萝卜与棒子外，好像还有别的成分在内，于是心理学家开始寻找。

有一个实验是把受试者随机分成A、B两组，请他们到实验室来组乐高积木，一连做三天。第一天，两组都无酬；第二天，A组如果成功拼出一张图可得到6美元的酬劳，B组无酬；第三天，A组恢复无酬，B组则始终无酬。实验进行到一半时，实验者借故离开十分钟，请受试者等他一下，他其实是到隔壁的观察室去观看。

结果发现，第一天，两组人在他离开后都继续把图拼完，平均做了四分钟才停下来休息，显示他们对玩乐高是感兴趣的。第二天，A组因为拼完一张图可拿6美元的酬劳，就很勤劳地做；B组仍然跟昨天一样，做了四分钟后停下来休息。但第三天情形就不同了，A组因为没有酬劳了，工作的热情马上下降，而B组还是一样。

也就是说，如果拿金钱去鼓励某个行为，行为者会失去内在的驱动力，短期内很有效，长期下来动机会降低，工作将难以为继。这就是为什么用钱去鼓励孩子考100分，久一点后常常会无效。想要激发孩子的进取心，不可以把重点放在金钱报酬上，而是设法激发他的荣誉心和自我价值。一定不能把学习转换成商业交易，否则就会失去自主性和创新。

自我激励才是前进的力量

另一个研究是找了203名画家，请他们选出10幅受委托和10幅非委托的画，送去给艺术评鉴家就创意做评鉴。结果发现，受委托的作品评价远比自由作品低，因为被人委托时，心中不自觉有束手束脚的感觉，创意就低了。这说明，人必须做自己的主人才会有成就感，金钱会使创意降低。

因此，如果工作呆板无趣，薪水愈高表现愈佳，因为这种工作毫无内在激励可言。但只要牵涉到最基本的内在认知，光谈报酬就不行了，人异于禽兽的地方就在于此：人有自我激励、自我满足的心。

所以，要孩子做家务，就不要付他钱，要让他看到做家务的意义，例如替母亲分劳、家是建立在彼此的义务上，家人必须相互帮忙；考100分不要给他钱，学习的目的不是成绩单，成绩单只是学习的一种反馈方式。

理想和热情才会支持一个人勇往直前，金钱只会使人怠惰，父母不可不慎。

怎么夸奖最有效？

奖励孩子最好的方法是精神上的满足，因为有形的
奖励会饱和，而无形的不会。

什么是孩子最喜欢的精神奖励呢？

夏天一到，不少学生与家长如临大敌。随着气温上升，也
代表升学考试旺季正在加温。其实，如果要激励准备应考的
子女，奖励的方式非常重要。奖励得法，能发挥意想不到的效
果，大大提升子女的学业成绩。

一个公司若是奖励得法，员工士气大振，业绩突飞猛进；
奖励不得法，不但怠工，团队还会分裂。职场上，老板用的奖
励多半是金钱或股票，但是在教育上，物质的奖励容易饱和，
失去功效。那么，什么样的奖励才是最好的呢？我们可以从动
物实验中看出端倪。

无形奖励最珍贵

一般来说，动物在实验前24小时要禁食，因为吃饱喝足的动物是没有欲望的。因此，先禁食再用食物做奖励，激发动物对生存的欲望，它就会在实验中很努力。

但在一种情况下，水和食物都没有用，此时动物会忽略生存的需求，而追求另一种需求：实验者先在动物大脑的"快乐中心"插入微电极，让它一按开关，电流就通过去刺激这个地方，产生多巴胺。动物会觉得非常舒服，就像人类吸食了海洛因或鸦片一样，这时它会忽略食物或水的需求，拼命去按开关，让电流不停刺激大脑以产生快感，最后会因为没有进食，饥渴而死（有人打游戏到死，大概也是这个情形）。

这个实验显示，奖励孩子最好的方法不是糖果或钱，而是精神上的满足，因为有形的奖励会饱和，而无形的不会。那么，什么是孩子最喜欢的精神奖励呢？

一个跟妈妈分离的孩子，肚子虽然很饿还是不肯让陌生人喂他吃饭，他会口里含着饭继续哭，因为他要的是安全感，要的是母亲。当孩子做对事情时，请把他抱在身上，讲故事或读书给他听，让他跟你身体接触，感受到你的体温和你的爱，此时你给他的是一个金钱无法取代的东西。钱只是钱，但是妈妈只有一个。因为想要你的陪伴与关怀，他会再次做出得到你注意和奖励的行为来。

奖励贵在不空泛

另外，我们在奖励时，要尽量用实际的优点去称赞孩子，不要空泛地说"你好乖、好聪明"。实验发现，空泛的称赞反而会害了孩子。斯坦福大学的研究者给400名五年级孩子做一份数学考卷，在考完发卷子回去时，老师随机对一组孩子说："考得很好，你很努力。"对另一组孩子说："考得很好，你很聪明。"这两组唯一的差别就在"努力"与"聪明"上；第二天老师再给他们做一份考卷，但是这次他们可以选择：一张比昨天的稍难，另一张跟昨天的程度一样。结果90%被称赞努力的学生选了难的，另一组则都选了容易的——万一今天考不好，不就表示我不聪明了吗？

第三天，老师给他们做八年级的数学题目，内容超越孩子目前掌握知识的程度，于是大家都考不好。发卷子时，老师说："你可以选择看别人的卷子。"结果被称赞努力的学生会去看比他考更好的人的卷子。因为他想知道，都是五年级生，为什么别人会做，我不会？那些被夸奖聪明的则去看考得比他差的，因为他会自我安慰一番，还好有人比我考得还差。

最后一天，老师把第一天的卷子再发下去给他们做。这时令人惊异的事发生了，那些被称赞努力的孩子进步了20%，而被称赞聪明的那一组成绩反而下滑了。因为上次八年级的考卷把他们的信心打垮了。所以称赞要得法，挑那些孩子自己有主控权，能改进的项目去称赞他，孩子的表现就会突飞猛进了。

动手写有助记忆

每年夏天，我们的孩子都要上考场应考，父母在正确了解鼓励的方式后，请用正向的语气，就他已经做好的事奖励他，帮助他建立自信心，不必一直提醒他还剩多少天。黑板上的倒数日子固然有警惕作用，却也会使孩子心慌，觉得来不及而自我放弃。父母可以跟孩子一起拟订一个进度表，依孩子能力循序渐进，要孩子在读完一章后，把书放下来、拿张纸，把刚刚读的内容大致写下来。

"写"这个动作会促使神经回路连接，我们已知思考最能促使神经连接，增加记忆，所以只要能写出来，书就能读进去。大约隔了三天，我们再把这张手写的大纲拿出来看一下，这在神经学上叫作"固化"。神经回路形成后，需要一段时间去凝固，这个过程是在人睡眠时发生的，就是所谓的"温故而知新"，当第二次看大纲还能说出内容时，这知识就是你的了。

读书、考试最忌恐慌。慌张时，身体的神经会从副交感神经立刻转到交感神经，那时大脑会一片空白，血液流到四肢准备逃命（这是演化来的本能），这样书就读不进去了。因此，了解学习在大脑的历程后，父母可以不慌不忙地帮孩子准备考试，以收到事半功倍的效果。

教养孩子是门艺术，不是科学，每个孩子个性不同，教养方式也不一样，但是教好孩子的道理却是相同的：父母只要用对的奖励方式去引导他往正途走就行了。如果你的孩子每天都活得很快乐，迫不及待睁开眼睛展开新的一天，那么，你就做对了。

提升美育才有竞争力

科学和人文彼此不是对立，而是互补的。数理可以慢慢学，美育则是要从小培养。

我读了陈之华女士写的《美力教育在芬兰》后，心中很感慨。她曾接受《赫尔辛基日报》的访问，记者问她："为什么亚洲人如此轻视美术音乐课程？为什么你们的父母会跟孩子说这些课程不重要，认为这些课程是在浪费孩子的时间呢？"

这些问题真是一针见血。

我们对数理科的重视超乎芬兰人的想象；对音乐、美术的轻视，也超乎他们的想象。不知从什么时候开始，国人变得急功近利，把音乐、美术看成生活中可有可无的东西。

其实，古人是很注重音乐的。2000多年前，孔子说："礼、乐、射、御、书、数。"乐排在第二位。古时候的"士"都要有"六艺"的能力，都要有高深的艺术修养。俞伯牙抚琴，钟子期知道他在抒发什么；司马相如也用一曲《凤求凰》赢得了卓文君的青睐；王维若不懂音乐，怎能"弹琴复长啸"呢？

音乐陶冶人的性情，提升人的心灵境界与生活品位，是教育很重要的一环。但是这本书中的例子却是一位大学教授说："唉！只怪我当时让女儿去上绘画课，不小心接触到艺文科目。不然，她现在也不会想去读设计系。"这句话出自高级知识分子之口，真是不可思议！

现在是科际整合、行行出状元的时代，孩子喜欢设计有什么不好？难怪古人说"撼山易，撼旧观念难"。一个人只有做自己喜欢的事，全心投入，才可能成功，父母完全不必害怕孩子念艺术以后饿肚子，只要他是这个领域最强的人，一定有饭吃。

艺术的不可取代性

其实，音乐、美术不但不会妨碍科学研究，反而会帮助科学家更上一层楼，了解他做科学实验的目的。任何科学都是建立在深厚的人文基础上的，没有人文基础的科学家，充其量只是个"匠"，就像古代炼金术的术士一样。一位好的科学家必须有人文关怀的气度。科学和人文是"哲学"这棵大树的两根枝干，它们出自同源，彼此不是对立，而是互补的。

艺术的独创性是人类最珍贵的特性，数理等知识可以慢慢学，但对于美感的品位和修养要从小培养。音乐是最原始的沟通工具，两个语言不通的人可以靠音乐了解彼此的心意。美术更是人类最原始的表达方式，约1.7万年前，人类祖先就在法国南部洞穴壁上留下当时的生活纪录。音乐、美术对人类心灵的震撼远大于语言的表达。《未来在等待的人才》这本书里就说："未来世界的人才不光要有知识，还得有感知。"这个感知就来自美育。

美育的培养要从小做起，提升大众的软实力，要了解世界顶尖的艺术，请先培养自己的品位，加强美育吧！

所谓大学者，非谓有大楼之谓也，有大师之谓也

> 我念大学时，学校的校舍很破旧，但是一样出了很多人才。没有大师，再好的大楼也无用。

记得我进台大那年，7月联考发榜后，考上的同学都很兴奋，迫不及待想赶快开学，体验大学生活。但学校偏偏迟不开学，一直等到10月才开始上课。那是我第一次觉得原来每天闲得没事干，日子也不好过。

对女生来说，发榜后，第一件大事便是烫头发。当时高中生有发禁，女生一律"清汤挂面"，分辨大学生与高中生最好的方法就是看头发。那个时候没有什么冷烫，烫发弄不好，头发会被烧焦。母亲劝我留长发，但是我看到电影明星都是卷发，当然不听。当时美容院没有像现在这么多，洗得起头的女生也不多，有同学家住东门市场附近，告诉我们市场内有烫发，我们几个便相约壮胆去了。从下午一直烫到晚上，那时没有手机，回到家，父母看到吓一跳，大骂了一顿。一天的辛苦

换来一个蓬蓬头很不值得，从此就留长发了。

漫长的暑假不知做什么好时，便决定去学洋裁。当时，中国台湾还没有成衣可卖，女生的花衣服要自己做或请裁缝做。穿了六年的制服，每个人都急着做条花裙子来穿，打扮打扮自己。洋裁课的地点在中山北路一段圆环旁的青年服务社，一开始真的很兴奋，花了一个下午在衡阳街的布店逛来逛去，不能决定买哪块布好。但是那位洋裁老师不懂得学习动机的重要性，她叫我们从做化妆用的围兜开始。当时民风保守，女生很少化妆，我母亲说只有酒家女才浓妆艳抹，而且化妆品都是舶来品很贵的，如果连口红都没有，怎么用得到化妆兜呢？学无法以致用，兴趣很快就消失，洋裁课不了了之。我就这样虚度了一个人生最珍贵、最无忧无虑的18岁暑假。

系主任一看女生多，大发脾气

开学后，男生回来了，一个个果然跟校园中其他的男生不一样，头发超短，晒得黝黑，举手投足很有阿兵哥的味道——也就是说，土得很。班上女生都看不上他们，那时，我们的系主任是韩忠谟，助教是贺德芬，新生训练时，韩主任一看我们班女生这么多，大为生气，就说："你们一个个结婚进厨房去烧饭、抱小孩、换尿布，是浪费社会的资源，你们若要转系，我替你们写介绍信。"主任骂完后，女生没有人转系，榜首林钰堂这个男生倒转到哲学系去了。

当时台大法律系的师资是最强的，蔡章麟先生、周冶平先生、林纪东法官、陈朴生先生、桂裕教授、金世鼎教授，还有法学家陈顾远先生等，可以说是一时之选。可惜每位老师都有很浓的乡音，常常上了半学期的课，还不知老师在讲什么。我因为父亲在法学界很久，创办了当时唯一的《刑事法杂志》，因此这些老师我小时候多半在家里有见过，对他们的乡音多少有些了解，所以期中考时，很多人跟我借笔记。早期男生很腼腆，不敢跟女生开口，都是辗转托别的女生来借的。

四年法律系学了什么？现在已经都忘记了，只记得罗马法是每学期只教一半，如果上一届教1到6版法，那么这一届就讲7到12版法，老师以为这样我们就借不到笔记来应付考试，就会乖乖来上课。但是台大学生岂是笨的，住在宿舍中的同学不但借得到各式各样的笔记，连考古题都借得到，很多男生就用考古题为饵，请女生出来约会。

法学院和医学院同在徐州路上，医学院的伙食比较好，我们常走远一点去医学院餐厅吃饭，我就是在那时，第一次看到医学院学生的"共笔"，写得非常详细，连老师上课讲的笑话都记下来了，真是令人惊讶。正像孙中山先生说的"众志可以成城"，集众人之力，没有不可成之事。

聊天是最便宜的娱乐

我常觉得学生是最厉害的一群，只要想做，没有做不成的。加州理工学院的学生不就把一辆汽车拆了，搬到行政大楼的顶上再组装起来吗？谷歌和脸书也是大学生弄出来的。最近有人建议给大学生每人一台iPad让他们自由去玩，一定可以发展出各式各样可获专利的程序。年轻人聚在一起，脑力激荡的能量不可小看。

在我印象中，法律系不太难念，很多人逃课，上课的都是女生，男生都不知跑到哪里去了，只有期中考时，教室才一下子人多了起来。有一次，一位女生刚踏入教室，突然发现上课的人很多，以为有考试而她没有听到，吓得当场哭起来。

在台大，最好的地方就是校园宽松的风气，同学聚在一起天南地北地闲聊，很像孔子说的"盍各言尔志"。聊天也是最便宜的娱乐，那时，没有打工的机会，除了做家教以外，大家都穷，连"东南亚"二轮的旧片都看不起，干脆就不花钱来"清谈"，但是很快也知道班上有职业学生，因为聊天讲的话马上就被教官知道，会被警告。

台大最自由的是上课不点名，我有同学考到师大，连连抱怨每堂课都要点名。其实学校只是提供学习的地方，学不学还是在个人。不点名学到的东西未必比点名的来得少，只要老师讲得精彩，学生自然会来。白先勇在台大开课，学生不就满到窗台上了？

倪文亚院长的恋爱

大三时，经济学原理和哲学概论是二选一，大多数人选经济学原理，因为那时中国台湾已开始从农业社会转型到商业社会，经济学必须懂一点，才能成为一个好的法律人。教我们经济学的是很年轻的郭婉容教授，总是穿着套装、窄裙、高跟鞋来上课，夹在法学院一群老教授间真是万绿丛中一点红。院长倪文亚当时在追求她，常看到黑头车开进法学院，停在鱼池旁树荫下，车窗很黑，看不见里面坐的人，但是郭老师一上车，车子就开走了。当时大家都年轻，觉得倪院长很老，还有人为郭老师打抱不平。现在想想，自己不就是倪院长当时的年纪了吗？

法学院正对面是市长公馆，在黄启瑞做台北市长时，我曾跟我爸爸进去过一次，印象非常深刻：典雅的庭院，简单而时尚的屋内摆设，后来被改为艺文中心，我再进去时，原来的风味不见了，非常失望。有一次路过徐州路和朋友谈起来，他说人生很公平，我们是先生，所以会先死，先生的人就看到了很多后辈没有机会看到的古物之美，博物馆再怎么保存，也很难保有原来的风味。

这句话很对，虽然我很遗憾没有赶上傅斯年做校长的时代，但那时的校长钱思亮先生也是一时之选，是社会上受尊敬的名儒。我妹妹只比我小一岁，她的毕业证书上校长名字就不是钱思亮先生了，她一直深以为憾。

哲人已远，大师难寻

　　大学会有名，主要是大师而不是大楼。我念台大时，校舍很破旧，普通教室的地板下有老鼠跑来跑去，地板松动，高跟鞋踩下去会夹住，黑板已擦到泛白。那时也没什么投影机和复印机，写收据是用复写纸，考卷和讲义则刻钢板，是现代没有笔和电就活不下去的孩子无法想象的，但是我们那代一样出了很多人才。没有大师，再好的大楼也无用。

第三章
品德与情绪

　　品德是当前我们的社会最大的问题。我们到现在仍然用孩子无法选择、天赋的能力，而不是用他可以自由选择的品德去评量他，这是非常不公平的。

　　在教育上，我们应该先教正确的观念再教知识，管仲说："礼义廉耻，国之四维，四维不张，国乃灭亡。"

　　礼义廉耻向来是做人的根本。礼是规规矩矩的态度，义是正正当当的行为，廉是清清白白的辨别，耻是切切实实的觉悟。我们不可小看精神教育，每天复诵一遍，它就深入大脑，最后内化成行为的准则。

在本章中，洪兰老师将主要解决我们以下的困惑：

○ 孩子缺乏自信心，怎么办?

○ 好品格怎么教?

○ 孩子性格孤僻，脾气不好，可以改吗?

走出虚拟，活在互助世界

柏拉图说：“善行给我们自己力量，也激发别人行善。”

神经科学家用核磁共振看到人在做好事时，大脑的愉悦中心会活化起来，分泌出多巴胺，而多巴胺会使人心情愉快，心情愉快对健康有益。

没错，人的确是“性本善”。实验发现，人在说谎时，大脑活化的地方跟闻到氨气是同一个地方，厌恶中心的活化表示人不喜欢说谎。诚实和互助这两个善的基因会留下来，是因为人类没有尖牙利爪，又只有两条腿，跑不过四脚兽，若不是靠着团结一致抵御外侮，绝对活不到现在。而在团体中，诚实和互助是核心价值，只要同心协力，虽然物质贫乏，人还是可以过得很快乐。葛林说：“人从服务他人中，知道自己是谁”，服务其实是“取”而不是“予”。

研究者甚至发现连动物也是如此：蝙蝠出去觅食时，不是每一次都能成功，有觅到食的蝙蝠回到洞穴后，会把自己的食物吐一些出来喂给运气不佳的同伴。假如受过帮助的蝙蝠下次忘恩负义，不回报时，别的蝙蝠会群起而攻之，把它赶出洞。群居的动物一旦落单，必死无疑。所以，动物也有礼尚往来的习俗，来而不往非礼也。

忧郁的两大因素

那么，为什么互惠的人际关系很重要呢？因为它基于人类心理健康的基本需求。美国最近有份报告发现，近10年来，女生得忧郁症的人数急速上升，八个女生中就有一个在服抗忧郁症的药，而且服药者年龄下降，十二三岁的女孩就有焦虑和沮丧的现象。研究者发现，原因来自文化和文明两个方面的因素。

文化的因素是，社会变迁使人产生疏离感。人从传统的农业社会，进入了平均五年搬一次家、老死不相往来的高科技社会后，人们失去了母亲和祖母那一代的社会连接。快速的工业社会生活步调使人无暇他顾，如果根本不认得左邻右舍，怎么谈得上守望相助呢？朋友少，环境不友善，没有社会支持，抑郁症就上身了。

文明的因素是，科技进步后，人们不再泡茶聊天串门子，失去了面对面沟通的亲密性。现在人的沟通方式是写博客或脸书，虽然一样是传递信息，但是网络是个不真实的虚拟世界。

20世纪70年代曾有个很著名的计算机程序，精致到让你可以跟它对谈，而完全不知道它不是人。当你看不见对方时，他就有机会做假。前面讲过，人不喜欢"假"，因为会伤害我们对自我的肯定。

有人认为脸书很真实，等于日记，但是细想就知道，脸书不是日记。日记是写给自己看的，所以会真实地把心中的话写下来，大脑透过写的过程整理思绪，确定自己的感觉是什么。脸书不是，它是公开的，所以人会不由自主地做假，把它当成塑造自我形象或取悦别人的工具。美国里士满大学的神经科学家金斯利就说："花时间上社交网站就好像吃一顿棉花糖的大餐，你吃了，但是没有吃到什么东西，而且吃多了，肚子会痛。"

从服务别人中找到自己

现在的孩子普遍对自己没有信心，不知自己以后要做什么，不知道规划自己的人生。原因之一是，他在虚拟世界中找不到真实的自己，只好从流行服饰、最新型的手机等肤浅的表面价值来自我肯定。当自我意识很薄弱时，一点打击（如被别人否定）就会倒下去，成为所谓的"草莓族"了。

所以，治本的方式是尽量带孩子去做义工，从服务别人中认识自己的价值。最近台北开平餐饮学校的师生去屏东教新埤中学的孩子烘焙糕饼，并利用校园中的肉桂树林开发出肉桂饼干、肉桂面包，走时还送他们一个全新的烤箱。新埤的孩子很快乐，因为学会了烘焙，有了一技之长；开平的孩子也很快乐，因为他们帮助了别人。

杰斐逊说："当一根蜡烛点燃另一根蜡烛时，它没有任何损失，房间却更亮了。"开平的善行激发了更多的善行出来——陈敏薰总经理也请了高雄义大世界的外籍厨师去教新埤的孩子做意大利面。

善行就像多米诺骨牌，一个善行会带动另一个善行，很快，社会就不一样了。生活在有人关怀的社会里，孩子又何必去吃抗抑郁症的药呢？

善行是人间的"福报"，请尽量带你的孩子去行善吧。

发挥善行的力量

> 恻隐之心人皆有之，帮助需要的人是文明社会的美
> 德，并非凡事都以金钱做衡量的标准。

最近有个中学生捡到手机交给警察，结果他的母亲向失主
要留置金，失主说旧手机不知值多少钱，但母亲还是坚持，反
而是孩子觉得很尴尬，叫母亲不要再说了。

这则新闻令人惊讶，孩子能拾金不昧，鼓励都来不及，怎
么父母还带头做坏榜样？自从大学生捡到同学的学费要求留
置金，被媒体披露之后，人们争相效法，连捡到狗都要求留置
金。警察劝阻时，还理直气壮地说："法律规定可以。"这些
大学生书念到哪里去了？法律是道德的最低标准，何况还有一
句话叫"法理允许，天理难容"呢！

"漂母饭信不为报"，恻隐之心人皆有之，帮助需要的人
是文明社会的美德，不能什么事都以金钱做衡量的标准。很多
人有钱，社会却看不起他，因为他钱财得之不义。中国人一向

说："贼禄不可以养亲，非梧桐不栖，非廉泉不饮。"这是知识分子的情操，笑贫不笑娼是不对的，道德崩盘是社会风气腐败的根源。

在文明的社会中，我们应该尽量让生命是一场公平的竞争，能力强的人要去帮助能力不足的人。我们的教育怎么变成"学位念得愈高，行为愈离谱"呢？"中指萧"事件是一叶知秋，不可等闲视之。

现在霸凌事件频繁，追根究底是"家庭失去功能、学校教学死板、社会风气败坏"三者交互作用。遏止霸凌光是立法是不够的，必须从根源做起。柏拉图说"善行给我们自己力量，也激发别人行善"，就请父母亲从"善"开始教孩子吧！

错误的评量，霸凌的元凶

当社会只重视成绩：好学生做坏事可以被原谅，坏学生记大过留校察看，这种差别待遇会驱使学生走上不归路。

一个常在校园中霸凌好学生的孩子跟我说："老师，人不是生而平等吗？如果不平等，我们不是应该把它变成平等吗？我打功课好的同学就是要把他变得跟我一样，你们就没有理由骂我笨了。"

我非常惊讶这孩子观念的错误，更恐惧他把自己的行为合理化。卢梭的"人生而平等"并不是指天赋，因为天赋不可能平等，它是父母基因随机的组合。每个人基因不同，组合方式也不同，人本来就有聪明才智愚劣的分别，这是不可否认的事实。这孩子误解了平等的意思，当受到不平等待遇时，就用他的手去制造平等，还以为是替天行道，忘记了天也是不公平的，有的土壤肥沃，有的土壤贫瘠，种子落在哪种土壤上也是无法选择的。既然天赋能力无法选择，我们的评量就不应该只注重天赋，用孩子没有选择权的资质去评量他是不公平的，就像歧视智障或身体畸形的人是不公平的，因为没有人会主动选择自己智障或畸形。

要去除校园霸凌首先要改变我们评量的观念，不能用同一把尺去衡量所有的人。400米赛跑时，起跑点会因内圈、外圈而调整，我们的教育也应该如此。不要只看他聪不聪明、课业表现好不好，要看他有没有尽力去学习。换句话说，我们重视的不应该是天赋本身，而是这个天赋能力的运用。

天赋无法选择，但品德可以

我们要让孩子明白：人是有选择权的，你可以选择快乐或不快乐，就像你可以选择道德或不道德。很多做不道德事的人并非没有道德，而是他选择去做不道德的事。"生而平等"是指人人皆有同样尊严的权利，不因天赋而有所不同。这个尊严是建立在这个人的自由选择上，你选择了道德的行为，你受人尊敬；你出卖了良知，你被人唾弃。这个观念不澄清，功课不好的孩子不论品行有多好，还是会被分到后进班去，被老师、家长放弃。

可叹的是，我们到现在仍然用孩子无法选择的天赋的能力，而不是用他可以自由选择的品德去评量他，这是非常不公平的。我们都喜欢聪明、美丽、功课好的孩子，但是不要忘记，关在监狱里的很多也正是这种人。白领阶层杀人不见血，看到聪明美丽的人，用天赋的能力去做卑鄙下流的事，更令人不齿，因为他们辜负了上天给他们的福赐。在球场上，我们常会替不被看好的队加油，因为他们选择不屈，这个选择是道德的，所以我们为它喝彩。

因此在教育上，我们应该先教孩子正确的观念再传授知识，公民课不可以再沦为自修课。霸凌其实是现行不公制度下的必然产物，当一个社会只重视成绩，好学生做坏事可以被原谅，坏学生记大过留校察看，这种差别待遇只会驱使学生走上不归路。生命应该是一场公平的竞争，这个公平是每个人运用天赋能力的表现，而不是天赋本身。

勇敢面对不公义的事情吧！

终结霸凌，釜底抽薪之计是从大人的行为做起。

所有公民在看到不公不义的事时，要挺身而出，主持正义。

台中夜店大火，夺去九条人命，想不到尸骨未寒，有人持着火把冲击政府机关，真是"亲戚或余悲，他人亦已歌"。

我们不禁要问：这些人的同理心、同胞爱到哪里去了？为何在大家闻火变色的时候，又来玩火吓人？难道议会大厅中没有包泡棉的隔间与装潢？死了九条人命还不够吗？俗语说"患难见真情"，灾难显现出的正是一个社会的修养与文明。火把秀这件事显现出政府机关工作人员的水平与"只顾对立、不顾良心"的态度，令人感慨。

其实，这种拿别人伤痛开玩笑的行为也是种霸凌，霸凌的定义是"故意的，蓄意的敌意行为"。

经由模仿，霸凌会内化成天性

中国台湾霸凌很严重，几乎每个人在成长的过程中，都有被羞辱、排斥的遭遇，政府公布的数据远低于实际的情况。霸凌最基本的机制是模仿，出生41分钟的婴儿就会学实验者做鬼脸，那么我们成年人岂可在电视机前对全国儿童做出霸凌的坏榜样？

有良知的人一定要站出来指正，不可让孩子误以为这是个被允许的行为，让霸凌的恶风继续延伸下去。

一个错误的行为如果放任下去，就容易变成习惯。一般演员叫作角色演员，可以演任何角色，但是一个角色演员如果一直扮演某个角色，便会使观众对这演员与这角色产生联想，联结强固以后，他就成为定型演员，不能再扮演其他的角色了。美国演员韦恩一直在西部题材电影中扮演英雄，到后来他厌倦了做英雄，想要演别的角色时，观众已经不能接受了。

持续模仿一个行为，这行为就会内化成这个人的"天性"。一个孩子每天看到大人用拳头解决事情，下次他碰到挫折，想都不想，拳头就伸出去了。根据最近的研究报告，暴力行为中人的基因因素只占29%，其余的71%都是后天的潜移默化而来。

有理性的成人，才有理性的孩子

要终结霸凌，釜底抽薪之计是从大人的行为做起：民意代表不可在公众场合打架、骂粗话；问政时不可用讥笑、羞辱的言语伤害别人自尊心；媒体不可大肆报道这种不对的行为，更不可把坏人渲染成英雄；所有公民在看到不公不义的事发生时，要勇敢挺身而出，主持正义。

最近新出来一个"受霸自杀"的名词——被霸凌者选择自杀，不愿再被霸凌，韩国女星选择上吊不愿再妥协于权贵就是一例。姑息会养奸，当社会对弱肉强食的暴行不吭声时，霸凌就出现了。要维护社会的公平正义，我们要参与，站出来指责残忍的"作秀"行为。大家想一想，当下次事情发生在你孩子身上时，你可以忍受他们拿生命的流失来增加自己的曝光率吗？

心安就快乐

人生最大的幸福不是名与利，因为那是转头空。内心平安与身体健康，才是真正的金不换。

最近一直有拾金不昧的好事被报道，在经过大学生坚持留置金的事件后，这是最振奋人心的事。没想到愈是贫困、没受过高等教育的人，愈有同理心，愈能体会遗失巨款者心中的着急，反而是念到大学的人，唯利是图。

在这么多拾金不昧的好事中，最令我感动的是那位拾获16条金项链的高妈妈。当记者问她："月入两万，却要扶养两个儿子，是否很辛苦？"她说："是否辛苦跟自己的心情有很大关系，物质虽然不是很充裕，但是家顾好，生活就富裕。"

说得好！家顾好，心安定，精神生活满足了，生活就富裕了。许多双薪父母很努力赚钱，拼命送孩子去才艺班、补习班，给孩子买名贵的衣服和用品，其实都不必要。家顾好，一家和乐才是最重要的事。

我敬佩那个妈妈的是，教孩子不"贪"。这真不是件容易的事，不但要言传，还要身教。我父亲以前常说："广厦千间，夜眠八尺。"人只有一个身体，再怎么有钱也只能睡一张床。他要我们"俭则足"，不要吃在嘴里看在碗里，也教我们快乐是心态。他说："晚食以当肉，安步以当车，无罪以当贵，归真返璞，终身不辱。"这种话听多了、讲多了，慢慢就变成生活的准则。一个知足的人就不贪，不贪的人不会犯法，心安就快乐了。

教孩子选择的智慧

在动物实验上，把猴子放进堆满橘子的房间，它会两手各拿两个橘子，嘴里再含一个，然后找个隐秘的地方坐下来吃。在没有吃完手里的橘子之前，它不会去拿新的橘子，吃饱以后，它也不会再碰橘子。刚生下来的孩子也是如此，吃够了奶就不会再吃。但如果他有过吃不够母亲的奶的过往，就会很贪心，一直吃不够。所以父母教孩子时，不要一次只给一点，让他觉得一直不够，从而生出"贪心"。不妨多给他一些，告诉他：不要贪，东西是足够的，然后教他什么是"适可而止"：天下的糖很多，不需要一次吃完，可以慢慢吃；天下的钱也很多，不要一次赚完，可以慢慢赚。

我们要教会孩子"有得必有失"——一个人只有两只手，拿了这个，就只好放下那个。选哪一个要靠智慧，而这个智慧是可以教的。我父亲以前常把每一种选择列出来给我们看，叫我们说出为什么选某一样东西的理由。他会一直问为什么，逼着我们往前想很多步，以及这样做的后果。最后我们会恍然大悟，明白为什么某个选项是短视、不智。

智慧的选择会使人安枕无忧。高妈妈说："东西送还人家，晚上可以睡个好觉。"这非常对，没有什么比安枕入眠更幸福。何必去追逐名利，晚上再来辗转反侧呢？

其实，人生最大的幸福不是名与利，因为那是转头空，内心的平安与身体的健康，才是真正的金不换。父母只要记住成功的定义是"平安健康有意义地过一生"，在教养孩子上就成功了。

品德的重要

品德问题是当前我们的社会最大的问题。一个社会如果充满了不忠不孝、不仁不义的人，这个社会还可以生存下去吗？

管仲说："礼义廉耻，国之四维，四维不张，国乃灭亡。"礼义廉耻向来是做人的根本。礼是规规矩矩的态度，义是正正当当的行为，廉是清清白白的辨别，耻是切切实实的觉悟。我们不可小看精神教育，每天复诵一遍，它就深入大脑，最后内化成行为的准则。当孩子从小没有礼义廉耻的基本品格教育，社会又是笑贫不笑娼，一切向钱看时，后果就是现在我们看到的弑亲弃养、打死小孩、凌虐妇女等残暴现象。

"忠孝"本是八德之首，一个人忠于父母，那就是孝；忠于朋友，那就是义；忠于自己，那就是诚；忠于自然，那就是仁；忠于妻子，那就是爱。也就是说，一个不忠不孝的人，他就不可能会有仁爱、信义、和平的精神。所以，一个社会如果充满了不忠不孝、不仁不义的人，这个社会是没有办法长久发展的。我们的教育到现在还是只注重智育，学生除了念书还是念书，家长也认为孩子只要功课好，其他都可以原谅，忘记了一个没有品德的人，能力再强别人也不敢用。

见义勇为是坏事？

"路见不平，拔刀相助"原本是被推崇的美德，曾
几何时，"见义勇为"却变成要被处罚的行为？

见义勇为一向是传统美德，"路见不平，拔刀相助"的
侠士曾是我们小时候憧憬的对象，连司马迁都在《史记》中
写《游侠列传》。曾几何时，急难助人却变成要受处罚的行
为了？

有位妈妈拿着小学三年级社会科考题给我看：当你看到一
位残障同学需要帮助时，你应该——一、假装看不见，赶快走
开；二、见义勇为去帮助他；三、赶快去报告老师。她儿子选
二，结果正确答案是三。老师还说："你逞什么英雄？要害学
校被告吗？"我看到这答案很惊愕，但了解这是"玻璃娃娃"
判例的后遗症：学校不敢收特殊残障的孩子，同学不敢帮忙他
上厕所，因为万一不凑巧，倾家荡产都不够赔。

美国西雅图市中心的一家银行曾遭到抢劫，一个戴太阳眼

镜、鸭舌帽的年轻人把一个背包推到柜台前面，命令银行职员把钱装进去。一位年轻的职员恰好是运动好手，立刻跳出来追，成功把抢匪压到地上，直到警察把他逮捕。但是，这位"英雄"却在两天后被银行开除，因为他违反了银行的规定：银行要求职员碰到抢劫时，要顺应抢匪的要求，尽快把他送出银行之外，反正钱都有联邦保险，如果跟抢匪格斗，可能会受伤并伤及无辜。西雅图的警察也说他们只要求市民做个"好的目击者"，并不要求市民见义勇为。

坏的判例会让大家姑息养奸

我们当然了解，要帮助别人必须先看自己有没有这个能力，但是明令不得帮忙就有点过分了。"不平则鸣"是良心的呐喊，"见义勇为"是人善良本性的反映，怎么到了21世纪，反而要回过头来教孩子自私：凡是不关他的事都不要管，管了要挨罚。正是这种态度造成黄春明在宜兰骑机车摔倒在地上15分钟无人相救，也使许多本来有救的伤者血流干而死去。

这样的态度是很不对的。现在地球是平的了，彼此休戚相关，正如这位英勇行员讲的："我知道银行有这个规定，但当事情发生时，我只想到这个20岁的年轻人什么事不好做，要来抢银行？我今天让他抢，明天他会去抢另一家银行。"没错，他今天得手了，明天食髓知味，会再去抢别的银行。社会会乱，不就是大家姑息养奸吗？校园霸凌会这么严重，不也是因为大家睁一只眼、闭一只眼，只要没欺负到我，就假装没看到吗？

最近，公交车上有个高一女生在众目睽睽下，被色狼手指性侵并拖下公交车强暴，公交车上的人都有看到，却没有一个人出面制止或告知司机，就是这种判例的后果。一个好的法律能带领社会前进，一个坏的判例也会产生寒蝉效应，并使孩子误以为世界是"人不为己，天诛地灭"，坏事只管放胆做，反正没人会出面检举你。

犯罪不只是看行为后果，要看动机，"有心为善，虽善不赏，无心为过，虽过不罚"，为什么我们要处罚帮"玻璃娃娃"的那位同学的无心之过，把"公义"这扇门关掉了？

从尊重孩子做起

> 每种霸凌的行为都不一样，处理男生和女生的霸凌
> 方法也不一样，但宗旨是相同的，就是尊重孩子，并教
> 孩子去尊重他人。

宾夕法尼亚大学的萨克斯博士曾花了九年时间，研究美国和加拿大中小学霸凌发生的原因和防止的方法。他举了芝加哥附近一所天主教女校的例子来说明。

开学第一天，老师先在班上订出大家都同意遵守的生活公约，其中有一条是"如果某个同学冒犯你，请直接去找他或来找老师，不要画小圈圈孤立那个同学，也不可造谣破坏他的名誉"。犯规的人，老师就让霸凌者和受害者一起去社区劳动服务。

老师认为人性本善，霸凌多半来自不了解，所以要制造了解的机会。例如班上新转来一位漂亮女生，使得原来的班花因嫉妒而散布不利她的谣言，让别人不跟她说话、不跟她一起吃

午餐，排挤她，害得这个新生每天哭泣。

老师知道后，便安排她们一起去老人院服务，想透过了解她，打开彼此的心结（萨克斯医生说，因为是天主教女校，所以没有带刀带枪的，如果有，老师必须严密监督双方的举措，不然会变成老师制造机会，让受害者再被霸凌）。另外，老师在班上设置两个小木箱，学生随时可以写纸条塞进去，告诉老师班上的情形。会发生霸凌行为，表示不满情绪的雪球已经滚得很大了，霸凌者通常是从小地方开始挑衅，当被害人没有反抗或不敢反抗时，就得寸进尺，一步一步欺压更甚。这时，被欺凌者可以写纸条告诉老师，请老师及时防止情况恶化；其他同学若是知道，也要善尽旁观人的义务，写纸条报告老师，不能隔岸观火，甚至助纣为虐。

老师解释什么是打小报告，什么是尽公民的义务。"报马仔"的确令人不齿，但是假如这个行为是个不公不义的行为，揭发它的人就不是报马仔，而是"正义之声"。老师举了很多例子让学生知道，向老师报告不但不是见不得人的事，反而是应该受到表扬的勇敢之举。

老师跟学生说，社会的秩序需要靠大家共同来维持，德国有"市民逮捕"的法令，鼓励大家见义勇为，而老师也当然要守密。

尊重孩子，并教孩子尊重他人。另一个小信箱，则是让学生写感恩赞美的小纸条，例如今天某个同学帮了你的忙，你可以写下来，让老师当众表扬他，请大家给他鼓掌。柏拉图说：

"善行会给我们自己力量，也会激发别人行善。"老师用这种方法鼓励相互合作，并且增进同学间的友谊。

萨克斯医生认为，去除霸凌的根本之道是鼓励向善，同时运用同理心，让霸凌者感同身受，知道自己的不对。例如一个爱嘲笑别人穷、穿不起流行衣服的人，老师要他每天早上和这名同学一起去送报纸，他就必须跟这名同学形影不离，除了睡觉以外，这名同学做什么，他就得做什么。这样的生活持续两周以后，霸凌者就会发现清晨四点起来送报很辛苦，没有牛排、只能吃豆子也很辛苦，他很快就会从霸凌者变成帮助者了。所以，让孩子尽量去体会不同的生活，了解别人的痛苦，是防止霸凌的第一步。

每种霸凌行为都不一样，没有放之四海皆准的解决方法。基本上，学生都有一颗善良的心，老师用"相互了解"的方式来减少霸凌，效果很好。

萨克斯医生的文章很长，处理男生和女生的霸凌方法也不一样，但他的宗旨是相同的，就是尊重孩子并教会孩子去尊重他人，我们不妨从这一步开始去防范霸凌。

重新定义成功

过去，我们把"成功"定义为赚大钱，驱使着人们不择手段地去赚钱。美国各商学院最近开始改变，将商业道德和职业伦理列入必修课了。

哈佛大学商学院将商业道德和职业伦理列入必修课，宾夕法尼亚大学的沃顿商学院也开始强调商业道德，连一向强调自由主义的加州大学伯克利校区的商学院，现在也开始注重申请人的道德观念。看到这些改变我真是松一口气，因为最近几年来"一切向钱看"的风气，已把社会带到"只要为了钱，什么都可做"的边缘了。

前几天，一位好朋友痛心疾首地跟我说，他一个做了八年的职员要跳槽。本来这也没什么，但是她等一切都谈妥后，才来跟朋友讲，没有预留公司找新人的时间。这已经违反职业道德了，这位小姐还要求失业救济金，因为她要先去美国玩一阵子才去新地方就职，其间她要拿失业救济金。

朋友不愿签字，因为他并没有开除她，是她自己要走，不符合条件。小姐反驳说："又不是你的钱，你只要签个字，我就有12万，你何必刁难？"我朋友觉得这是个不公不义的行为，不肯签，结果她就拒不交接。我朋友想，我一手创办的公司，不交接难不倒我，便想自己去把她的业务承担下来，再慢慢找人。想不到计算机一打开，所有档案已被销毁。

他说，自己教了她八年，把她从什么都不会的大学毕业生教到可以做薪水的会计，年终奖金从来没有少，一年有一个月假期，公司出一半的钱送出外度假，怎么会为了12万恩将仇报？他问：现在人的良心到哪儿去了？中国人所谓的"厚道"呢？

回归根本，重新定义"成功"

我很为这女孩子的短视难过，"人情留一线，日后好相见"，何必做得这么绝？难道她在职场的名誉只值12万吗？这种情形现在比比皆是：离职时带走客户名单或者一边拿着老板薪水一边出卖老板。我想不通的是，一个不忠的人，为什么有公司敢要她？难道不知道她今天会对前雇主做出不忠的事，明天也会对你做出同样的事吗？

很多孩子误以为"活在当下"是今朝有酒今朝醉，只看眼前，不管未来，其实错了，"Seize the day"来自拉丁文"Carpe diem"，意思是要充实地过这一天，因为这一天过去了不再回来，所以要把握现在。有句话说得好："你荒废的今天是昨天殒身之人祈求的明天。"达·芬奇说："充实的一天带来好眠，充实的一生带来安息。"这个充实不是目前流行的比吃、比穿、比物质上的享受，这些东西不会饱和且是个无底洞，追求物质的心灵永远是空虚的。

过去，我们把"成功"定义为赚大钱，但是一定有人赚钱比你更多，所以这个定义就驱使着人不择手段地去赚钱，以追求更大的成功。如果把成功定义为"有意义地过一生"，这个社会肯定马上就不一样。哈佛大学终于看到了这一点：伦理道德是群体生活最基本的规范，只有回归根本，生命才有意义，人性才不会迷失。

普通常识的重要

没有普通常识的孩子没办法在社会上生存。被关在牢里，再多的知识、再好的学历又有什么用呢？

我在报上看到一则新闻：有位留学生买了一包上好的咖啡豆，想请他的女朋友喝，但是忘了把磨豆机从实验室带回家，就想去星巴克借磨一下，但因为咖啡豆不是跟星巴克买的，所以被拒绝了。他看到星巴克对面有个超级市场就走进去，美国稍微高级一点的超市都有卖现磨的咖啡，所以有磨豆机。他没有征求任何人同意，就自顾自地从背包中拿出咖啡豆来，倒进机器中，磨了起来。哪晓得磨好后要离开时，被警卫拦下，说他未付咖啡的钱。他辩说豆子是自己的，但是没用，警卫不听，把他带到地下室去盘问，折腾了许久。最后经理调出监控录像带，发现他的确没偷东西，才让他离开。

我看完这则报道非常惊讶，这孩子是运气好，超市有录像，若没有的话，他真是百口莫辩，跳到黄河也洗不清。"瓜田不纳履，李下不整冠”，古人老早就教我们要避嫌，为什么现在的大学生这么没有常识，不会保护自己呢？

不久前，某大学有个学生替女朋友庆祝生日，在床上点了100根蜡烛，结果把旅馆烧掉了，这也是没有常识，怎么可以在床上点火？更早以前，另有个某大学毕业的女留学生要从波士顿到纽约转机回家，但是没赶上纽约的飞机，她便异想天开地宣称行李有炸弹，以为飞机会飞回来，但因为环球TWA飞机一周前才在空中爆炸，全美国都风声鹤唳的时候，她竟然用了这个借口，结果被FBI抓了起来，最后付了高达15万美元的保释金才脱身。

这些事件让我们看到，没有常识的孩子是没有办法在社会上生存的，被关在牢里，再多的知识、再好的学历又有什么用呢？父母请不要再要求孩子考100分了，好好教他些为人处世的道理吧！

游戏玩伴有助情绪发展

过去，父母都把游戏当作学习的敌人，其实游戏是学习的伙伴，帮助孩子学习人际关系，发展领袖能力。

哈佛大学有位教授来中国台湾面试申请该校的学生，手头只剩最后一个名额，却有两个不分轩轾的好学生，无法取舍。最后，他问他们最喜欢的运动是什么，一个回答"慢跑"，另一个回答"打篮球"，结果他录取了打篮球的那个。在科技整合的世纪，学术疆界逐渐模糊，孩子必须能和别人一起共事才能成大业，也因此大家愈来愈感觉到团队精神的重要性。最近就有好几位父母写信来问：孩子性格孤僻，脾气不好，怎么办？可以改吗？

我们情绪的窗口关得最早，小时候的情绪经验跟长大后的人格有关系。孩子需要跟人玩，而不是只跟玩具玩，虽然一样是玩，效果却不一样。孩子可以拿玩具出气，玩具不会还手；人就不一样了，太凶，别人不跟你玩；太懦弱，别人要欺负你；所以只有在跟人玩时，他才学得到处理人际关系。孩子的社会化是跟同学完成的，不是跟父母，因为他们认同的是同学，同年龄的玩伴对孩子情绪发展很重要。

过去，父母都把游戏当作学习的敌人，不喜欢孩子游戏，现在知道那种观念是错的，游戏其实是学习的伙伴，它帮助孩子学习人际关系，发展领袖能力。尤其游戏时会发挥想象力，而想象力是创造力的根本。神经学家也在大脑中发现，游戏时大脑自己会产BDNF，这是一种神经营养素，帮助神经元发育。所以现在的父母应该尽量让孩子跟别人玩，学习团队的合作方式，训练他的领袖能力。

脾气和个性可透过教育改变

人的脾气和个性是先天（基因）和后天（经验）的交互作用。著名的人类学家博厄斯说："文化使人超脱他的本性。"即人可以通过教育来改变脾气和个性。

写《背影》的朱自清知道自己做事情慢，所以给自己取个字"佩弦"，要自己积极一点、快一点；性子急的人则取字"佩苇"要自己慢下来。我有个小学同学，顽皮得不得了，每天在班上挨打，想不到50年后在同学会上遇见了他，完全换了个样。我们去旅行，车子一停，他立刻拿出抹布来擦车子，他的车子永远发亮到可以当镜子用；去到旅馆，大家鞋子一脱，就进去泡茶，他则弯腰把鞋子排好，令我们非常惊讶。原来他后来上的是军校，严格的训练把他过去的坏习惯全改了过来。

因此，父母不必担心孩子脾气不好，只要吃过几次脾气不好的亏之后，很快就学乖了。所谓"识时务者为俊杰"，在发脾气之前，孩子会先看一下情境。很多人在外和在家是两个样子，就是这个原因。倒是秉性忠不忠厚、爱不爱计较、贪不贪小便宜这些天性上的毛病需要父母多费心。我们都希望孩子长大有爱心、愿意帮助别人，那么我们就要时时以身作则，并且解释什么叫"己所不欲，勿施于人"，还要让他亲身去体验。世界名著《小妇人》中，牧师夫人便要四个女儿把圣诞节晚餐留下来送去给孤儿院的孩子吃，培养她们的同情心。

品德教育要从小开始

教孩子也要有技巧，选对时间才会事半功倍。例如要孩子养成喝白开水的习惯，最好的时机就是在他口最渴时，给他白开水喝，让他体会到清水的甘甜，以后就会爱喝了。通过实践得来的体验是最有效的，孩子从体验中得到感动，有感动才能内化，这个内化了的行为就是所谓的"品德"。

品德教育从孩子一出生就可以开始，因为习惯会成自然，成自然后就变成习性。拿破仑说："一个孩子行为举止的好坏，完全取决于他的母亲。"

如果一个人学到的东西是可以擦掉的话，那么小孩子在幼年期学的东西要用一生的时间清除，而长大后的学问不到一周便可全部清除。小时候的品德教养正是一生做人做事的基础。

　　富兰克林曾说："经验是一所宝贵的学校，可惜愚蠢的人只有从这里才学得到东西。"虽然后天的经验可以改正孩子的行为，但人的生命有限，我们应该尽量让孩子在小时候把习性养好，长大后，才不必浪费宝贵的人生去改正它。

有礼走天下

　　"礼貌"是个需要从小、从生活中教的习惯。大部
分的人不需要高深学问才能就业，但一定要有普通常识
和礼貌，事业才会顺利。

　　有一天在朋友家，她念初二的儿子正好放学回来。他看到
我们并未打招呼，也没喊他妈妈，就直接穿过客厅进去里面。
朋友有点尴尬，就先跟他说话："你回来了？今天课上得还好
吗？"孩子还是不搭腔，自顾自地进了房间。奇怪的是，我
听到了锁门的声音。我转头惊愕地望着朋友，她自我解嘲地
说："唉！现在孩子都是这样。"对此我很不以为然，这不是
理由，因为也有孩子不是这样的，这是没有礼貌，孩子被宠
坏了。

　　我小时候放学回家是先要去喊母亲，说："妈，我回来
了。"然后看今天家中有什么事需要做。母亲说，家是大家
的，所以家务要大家做；长辈走进房间，小辈要站起来，不可

以大刺刺坐在椅子上不动；别人跟我们说话，不论是谁，都要很有礼貌地回答，她不要别人说她的孩子没有家教。母亲的这些要求后来变成我们入社会后待人接物的态度，也真的让我体会到"有礼走天下"这句话。

其实，在文明社会中，有问有答是基本礼貌。晚辈对长辈怎么可以爱搭不理，高兴才回答、不高兴就不回答呢？杜威说"生活即教育"。"礼貌"是一个需要从小、从生活中教的习惯，它直接储存在大脑神经连接的突触上，哪怕这孩子将来得了失忆症，他小时候学的习惯并没有丢掉。父母不可以推诿掉这个教养的责任。

礼貌是社会运转的润滑剂

我后来跟学生谈起这件事。一个学生说："大人也是一样呀！我们跟父母讲话，他们也是爱搭不理的。"另一个说："我爸从来都不曾正眼看着我说话。"还有一个说："我们才不敢回答，每次回答都被老师说强辩，反而挨打。"

我这才明白了，"冰冻三尺，非一日之寒"，原来是大人说话也不客气，给孩子做了坏榜样。

我曾接过一通电话："喂，你是那个洪什么吗？有人托我带东西给你。"原来我妹妹在美国的学校教书，把他们多的英语书托人带回来捐到山地去。这人很热心，但是很没有礼貌；还有一次在宴会上，坐我旁边的企业家饭后端起茶来咕噜咕噜地漱口，然后吞下去。刹时，我全身鸡皮疙瘩都起来，这些行为都是只可在洗手间做，不可在餐桌上做的。报上有读者投稿说：几十个学生下公交车，却没有一个人跟司机说"谢谢"，我们社会怎么进步到连这些最基本的礼貌都没有了呢？

"礼"是社会运转的润滑剂；无礼，社会就会充满暴戾之气。现在的孩子在家中父母无暇教导，到学校又忙着学那些入社会后用不到的方程式，使得真正该学的没有时间学。其实，我们中学课程教太多太深的知识，中学的教育应该是通才教育，因为大部分的人不需要高深学问才能就业，但一定要有普通常识和进退应对的礼貌，事业才会顺利。

教育是为学生入社会做准备，就请学校从礼貌开始教起吧！

诚信是从商的唯一法则

口碑出来后，生意自动会上门。客人眼睛是雪亮的，何不诚实做生意，利人利己呢？

我到屏东一所小学演讲，讲完后校长说要带我去"凤梨王子"的凤梨田，见识一下屏东最新的精致观光农业。我很高兴地答应了，小时候看丰子恺的漫画，他把凤梨画成像苹果一样挂在树上，要不是后来在民雄的中正大学教书，我真的以为凤梨是长在树上的。

在一望无际的凤梨田中，我看到一个茅草棚，中间有张很长的木桌，两边摆了许多板凳。一群观光客在一位背着相机、拿着"大声公"的年轻人带领下，进入了茅棚中坐下。主人开始讲解凤梨的生态，我没想到眼前这位33岁的年轻人，竟然是创造年产1000吨凤梨奇迹的人，他的凤梨每年外销世界各地，非常惊人。他说："日本家庭人口少，所以给他们小而美、酸中带甜的香水凤梨；大陆人喜欢大、有气派，所以甜度高的金钻17号最合适。”

这真是非常对的想法，要卖东西，必须知道消费者的喜好才能打动消费者的心。他已经不只是卖凤梨而已，还兼顾到当地的风土人情。换句话说，他把文化考虑进去了。

这个面目姣好、长得像电影明星的年轻人，做到了过去政府一直在喊“整合小农，计划生产”的目标，因为他看到只有团结起来才有力量拿到大的订单，只有计划生产才不会谷贱伤农。有人问他成功的诀窍，他说：“无他，诚信而已。”他的凤梨保证质量，只要看到“绿地”这个品牌，就可以安心地买。虽然他的凤梨比别人贵上三成，但仍供不应求。

善待土地，诚实地做生意

他的话令我想到另一位种小黄瓜的农夫，他的小黄瓜比别人贵了15元，但也是供不应求，因为他讲究诚信，不用次级货去骗人，箱子上下层品质一致。陈树菊在她的传记《不凡的慷慨》中，讲到她每次去果菜市场批货回来都得把整箱菜倒出来，重新整理过，因为上层都是好的，中层较差，下层甚至有烂的。陈树菊说收了客人上品的钱，一定要给上品的货，宁可自己花时间来整理菜。她不欺生，所以菜摊生意比别人好。诚信还是做生意的唯一法则。

其实口碑出来后，生意自动会上门。俗语说：“路遥知马力，日久见人心。”客人的眼睛也是雪亮的，何不诚诚实实地做生意，利人利己呢？

他们也善待土地，不施化肥。我父亲常说要尊敬土地，当战争或荒年来时，钞票只是纸，钻石是石头，"千金难买一口粮"，只有土地才有粮吃。《乱世佳人》中斯佳丽握着拳头对天发誓"我永不再饥饿"的镜头令人难忘，土地养育了我们，人只有善待土地才可能在地球生存。屏东的精致农业让人们重新亲近土地，我想它的前途应该是无限的。

第四章

自我的实践

生命是个周期，人生是"一代养一代，一代偿一代"，如果孩子听不进你的教诲，那最好放手让他去闯，但是记得告诉他：受伤了回家来，母亲帮你疗伤，父亲帮你再出发。

每一代都有每一代的使命，父母只能替孩子准备行囊，无法替他出征，更不能牵着他的手，因为他是不会让你牵的。而他需要承担的你也无法替代他承担，这就是实践存在的意义。

在本章中，洪兰老师将主要解决我们以下的困惑：

○ 找不到人生目标该怎么办？

○ 抉择的时刻，怎么做才能让自己快乐？

○ 身为平凡人，如何成就自己的不凡？

○ 如何教导孩子爱物惜福、珍视生命？

有体悟才有学习热情

我们的教育没有让孩子看到生命的意义，生活没有目标，对什么都没有兴趣了。

我最近连续接到三封家长来信，说他们努力赚钱栽培孩子，希望孩子出人头地，但是孩子不领情，既不喜欢念书，对学习也没兴趣，该怎么办？正巧，我最近看了一本书，讲的正是一个胸无大志的年轻人后来改变的故事。

这个年轻人是日本横滨高中的毕业生，不爱读书，不喜欢学习，立志在便利商店打工过一生。他的父母无可奈何，便偷偷替他报名去林业工会做见习生。日本有个绿色雇用制度，只要从事林业工作，政府一年补助300万日元来培训林业人员，家人一毛钱都不必花，孩子还有薪水拿。

只是，在都市长大的孩子，怎么肯去偏远的乡村植树呢？他的母亲便翻开一本笔记本，大声朗诵："只有月亮没有安息，从窗户窥视着我的心……"孩子跳起来去抢，原来这是他写的诗。母亲说，如果他不上火车到神去村，她就影印这些诗发给全班同学。对青春期的孩子来说，面子比什么都重要，他只好乖乖就范。

临行时，父亲塞给他一个写着"程仪"的信封，里面有3万日元（"程仪"这个名词，中国的孩子可能已经不知道是什么意思了，反而日本还在用，真是"礼失而求诸野"）。

当他七转八转，火车终于到达神去村，来接他的人第一件事便是把他手机的电池丢掉，告诉他，深山里收不到信号，留着也没用。这是很重要的一步，因为有手机就会打电话回家诉苦，人愈诉苦，就愈觉得自己受了委屈，这委屈感会像雪球般，愈滚愈大，最后把自己压垮。如果无法诉苦，就只能逆来顺受，久一点就适应了。

让孩子看到生命的意义

这个村没有便利商店，没有学校，没有邮局，一天只有一班慢车经过；天黑后，路上一个行人都没有；半数以上村民超过60岁，除了老板的5岁儿子，没有其他小孩，所以他还得兼老板儿子的大玩偶，因为小孩没有伴。

一开始，他想逃走，但是逃了三次都被抓回来（只有一条对外的通路）；同时乡下人情味很浓，大家守望相助、鸡犬相闻，很像陶渊明的桃花源。既然逃不掉，心就慢慢静下来，开始适应了。

到山上植树后，从汗水中，他渐渐看到工作的意义。造林是生命的永续循环，老树倒下，空出位置；小树茁壮，又变成老树，他终于了解什么叫"生生不息"。后来，森林大火时，他抱着消防水管，不要命地冲上前去灭火，那些以前他不屑一顾的树，现在却变得跟他的生命一样重要。一年后，契约满了，可以离开时，他却选择留在山上，因为他找到了人生意义——做个对地球有用的人。

造林是很辛苦的工作，全年无休；父母养育孩子也很辛苦，也是全年无休，为什么还有这么多人甘之如饴呢？因为那是生命的延续。其实，只要工作有意义，人是不会在乎辛苦的。

我们的教育没有让孩子看到生命的意义，生活没有目标，就对什么都没有兴趣。孩子若不爱读书，就让他像这个日本孩子一样去做工吧，反正不是每个人都得念大学；人生很长，等他找到了他要的，随时可以回头念书。每个孩子都有自己的路，父母不必太操心。

有心念书，何须求神

有心读书，怎么辛苦都找得到办法；无心念书，再好的环境也读不下。天下事全在乎"心"，考试何必去庙里压准考证拜神明？

初二回娘家，大家正在厨房忙时，突然门铃响了，我去应门，一位老先生手上拎了一篮水果站在门口，看到我，称呼我"洪小姐"。我吃了一惊，已经很久没有人叫我洪小姐了。他从口袋掏出名片说："1962年，我在城中区送挂号信，你教过我英语。"我思索着，1962年，我才念高一，自己都泥菩萨过江，怎么可能教他英语？他看我犹疑，又拿出一张他当年做邮差的老照片。

我想起来了，那时父亲在办《刑事法杂志》，常有挂号信。挂号信要盖章，进屋里拿图章时，母亲会叫我们倒一杯水出去给邮差喝，因为当时没有便利商店，无处买水。有一天，我左手拿图章，右手拿冰水出去领挂号信时，这个邮差盖完了章，腼腆地从汗水浸透的上衣口袋中取出一张小纸条，问我可不可以教他，上面那个英文字怎么念。我很惊讶，但是看他脸都红了，很诚恳的样子，就尽我的力念了三遍给他听，他很认真地跟着念了三遍，一口气喝干水，鞠个躬，跨上脚踏车就走了。我进屋去跟母亲讲这件事，母亲叹息说："可怜哪！想念书却无书可读。"

以后这个人送信时，只要是穿绿制服的应门（当时家中有三人在念北一女校），他都拿纸条出来问生字怎么念。因为父亲家教严，我们也不敢跟他多谈，连他姓什么都不知道。

事在人为

母亲自己去应门时，就会跟他多谈一下，才知道他想用同等学力报考大学，只是英语基础不好，又没钱补习，所以用土法炼钢的方式死背生字。但是英语是个拼音文字，字母的组合跟念的音是有关系的，如果不知道字母跟音的规则，背起来就是事倍功半。母亲就劝他收听空中英语教学，他苦笑着说："买不起收音机。"

母亲听了便记在心中，有一天，亲戚的儿子要出国留学，母亲就软硬兼施地把那台收音机买下来，送给了他。后来我自己要考大学，每天到学校读书，就忘了这个人，再过几年，我们大家都去美国留学，就更没有人关心这件事了。

今天看到他，着实惊讶，他说感谢母亲送他那台收音机，帮他打开了一扇门。他以同等学力考上了大学，毕业后又通过了公职考试，分配到南部工作，最近退休，想起母亲，回来看望一下。他说曾来过几次都没有人应门（因为我父母已过世），但是门上还是挂着"洪寓"，所以他想我们应该还住在这里，他挑年初二是知道我家都是女生，初二应该有人在家，果然在今天找到了我们。

他走后，我想起母亲生前常说的"事在人为"。彰化大庆商工有个女生，家中没有计算机，却拿到跟计算机有关的20张证书；桃园大兴高中的男生，基测才130分，也拿到17张证书。有心读书，怎么辛苦都找得到办法；无心念书，再好的环境也念不下。天下事全在乎"心"，考试何必去庙里压准考证拜神明？看看这些例子就知道，造命者天，立命者我，人的命是在自己手上的。

每个人都可以很伟大

没有失就不会有得，年轻人应当有冒险犯难的精神，只要对他人有利的事，就应该去做。

美国黑人民权运动领袖马丁·路德·金说："每个人都可以很伟大，因为每个人都可以为别人服务。"这句话说得很好，伟大不一定非是革命英雄、开国元勋，只要能造福别人就是一件伟大的事。

美国有对夫妇在参加盲人协会的一个会议时，发现盲人跟正常人一样，也很想坐邮轮去度假，只是缺乏经费、人力协助。一般美国退休的人都很喜欢坐邮轮去旅行，因为住在邮轮上，吃喝跟在陆地一样，船靠岸了，人下去观光，行李留在船上，不必像住旅馆那样，每天打包行李，提进提出。同时，在海上一起共度若干天也是交朋友的好机会，很多人在船上找到第二春。但是邮轮很贵，一般人坐不起，更不要说残障人士，他们大部分是靠领政府的残障救济金生活。

当会议的主席问，有没有人想去坐邮轮时，会场一片安静，最后有位女士幽幽地说："当然想，在我的梦中。"

这句话让这对夫妇大为感动，便着手实现盲人的这个梦想。他们跟旅行社一起拟出了一个分期付款的方案，让参加者每周付20元、连续付两年。每周20元，不是大数目，但是积少成多，可以成行。他们也登广告，征求义工来陪这46位盲人游加勒比海。

他们在船上精心安排各种活动，正常人该有的，盲人一样都没少，可以购物、听表演、玩点字宾果游戏及吃角子老虎。有位盲人特别要求订带阳台的舱房（房间愈上层，价码愈高），问她为何要多花钱时，她说："我想坐在外面闻海洋的味道，感受海风。"因为她一辈子没有离开过住家周围200公里，没有闻过海的味道。

组织者还发给团员每人一件T恤，上面写着"我看见了我的梦"。

只要有心，就找得到方法

在夫妇俩提出带盲人去坐邮轮这个计划时，大家都认为这是不可能的事。海这么大，落水了怎么办？邮轮这么贵，谁要替他们出钱？每个人都提出各种质疑，劝他们不要自讨苦吃。但是夫妇俩相信事在人为，只要有心去做，一定可以找到解决的方法。

　　蒙古人有句非常好的谚语："言语杀死的猎物搬不上马；嘴巴杀死的猎物剥不了皮。"就是说不去做什么都是空的。"南海和尚"的故事就是一个很好的例子：有执行力的和尚已经去拜过南海观音回来了，另一个还在计划要怎么走。我们也有一句成语"登高自卑，行远自迩"，只要动手做了，哪怕一天只走几步，也总有到达的一天。

　　现在，我们忧心的就是，我们的下一代不敢动手做，因为"多做多错，不做不错"。整个教育制度都在要求完美，不允许孩子犯错，这种教育心态会使孩子裹足不前。不敢去试，就不可能活出精彩人生。人生没有失就不会有得，我们要鼓励年轻人有冒险犯难的精神，而且只要对他人有利，就应该去做，像这对夫妇说的："我从服务他人中，看到自己生命的意义。"

　　每个人都可以很伟大。

选择愈多愈不快乐？

我们的祖先进化时，每天面对的是2选1："战或逃""要还是不要"。难怪简单才会快乐。

一位大陆的朋友跟我讲起，他很向往台北的美食，一下飞机便去永康街报到，看到第一家就想进去吃。同伴说："怎么没有多比一家就决定了呢？太草率点了吧！"于是他又往前走，走了半天，比较了十多家的菜单后，他竟然不想吃了。他问我："为什么选择愈多，愈没有食欲了呢？"

这是一个有趣的心理问题。朋友的孩子准备申请美国大学的入学许可，一帆风顺，几乎所有申请的学校都给了他入学许可。这本是件高兴的事，但全家反而陷入烦恼中，因为这些常春藤名校各有千秋，很难取舍。

所谓"选择"，就是有A就不能有B，不能两者兼顾。假如A、B各有长处，那么选了A，所放弃B的长处就变成了遗憾。遗憾的感觉会影响得到的快乐。因此，选项愈多，所累积的遗憾就愈高，当遗憾超越得到的幸福时，消费者就会放弃购买，以去除这不愉快的感觉。我们常为买一样东西而去逛街，逛到最后却空手而返，因为商品琳琅满目，为了避免买错的懊悔，干脆就不买了。

另一个理由是：人怕负责任，选择愈多，愈没有借口。选项少时，我们说："总共就只有这些，我别无选择。"选择多时，借口就没了，责任就是自己的。当无法取舍时，我们会倾向于不买，因为不买就没有"买错"这个责任。

弗洛伊德说："大部分人不是真正想要自由，因为自由伴随着责任，而多数人害怕责任。"为自己的行为负责不是件容易的事，大部分人会采取推卸的方式。许多人去餐馆吃饭喜欢点套餐或合菜就是为了避免点菜的责任：菜不好吃？不能怨我，那是老板配的。

接受自己的选择，然后圆满完成

美国有个实验是请受试者品尝6种或24种不同口味的果酱，尝完还可获得一美元的折价券，抵扣现场买果酱的钱。

结果，研究人员发现，24种口味的摊位人潮虽然比较多，但真正使用折价券去买果酱的人却比6种口味摊位的人少。这个现象跟我们的直觉相反，没想到提供消费者更多的选择反而减少了购买欲。

我们都以为人类喜欢主控，愈多选择愈好，其实不然。

我们的祖先进化时，每天所面对的是简单的2选1："战或逃""要还是不要"，没有这么多复杂的决定，难怪简单才会快乐。

现代快乐指数最高的国家是不丹。那里物资相当缺乏，没有现代化的设备，但是，不丹人民的生活欲望低，只要吃饱饭就很满足，他们又有虔诚的宗教信仰：这世的苦是为造来世的福。心理学的实验结果显示，"只要有希望，再多的苦都吃得下"，所以不丹人民觉得自己很幸福。

快不快乐是个态度问题，如果你面对的是个难以决定的选择，那么，不管最后选择是什么，都是个好的选择，接受它，你就快乐了。

选择只是个开始，圆满完成它才是目标，不是吗？

藏药方的苦衷

人都忌讳和别人相同，改别人的药方、担心撞
衫……标新立异的人性在生活中不断作祟。

有位朋友得了怪病，坐起来就吐，躺下就没事，去医院拍
了片子，说是脑积水，吃了药却不见好。我们劝他赶紧再找
别的医生看，他听从了，却固执地要回原来的医院拿病历和片
子，我说不可，先给新的医生看，等诊断出来了再给他看前位
医生的诊断，不要影响他的判断。

纪晓岚在《阅微草堂笔记》中有一则"鬼藏药方"的故
事：清朝内阁学士永公生了重病，服了药却不见好，于是再延
请另一位医生来看，这位医生跟永公索取先前医生的药方做参
考，奇怪的是，找来找去都找不到，便怒责婢女。永公在床上
恍惚间看到有人跪在灯下说，"请不要责打婢女，药方是我藏
起来了。"永公问："你是谁？"那人答："我是被您笔下超
生的死囚，感谢您替我平反，还我清白，特来报恩。"永公

问："你为什么要把药方藏起来呢？"那人说："世间的人都忌讳和别人相同，都要改别人的药方，以显示自己的才能。但事实上，前一个方子并没有错，只是药力还没有发挥出来，如果药方给了后来的医生看，他一定会开相反的药方，这样一来，大人您就危险了。所以我才将药方偷藏起来。"永公听了便对医生说："药方已遗失，请再开一张吧。"结果新的药方与旧的一模一样，连吃几帖病就好了。

这个报恩的鬼真是很洞悉人性，人的确有忌讳和别人相同的心态。不然为什么名媛淑女不愿赴宴的衣服跟别人一样？其实我觉得"撞衫"不必生气，它代表了"英雄所见略同"，应该高兴才对。所以，我们不可以找同家医院的另一位医生看病，如果是平辈，他可能会标新立异；如果是长辈，他可能会服从权威。

忌讳和别人相同的心态

有一次，某位名医肚子痛，他判断自己得了胰脏炎，就去住院。

科主任住院是件大事，所有医生都来伺候，他把自己的症状向学生解释，最后说："我想是胰脏炎。"大家都点头称是，只有一位年轻医生说："可是听起来像盲肠炎呀！"所有人都瞪他，认为他胡说。结果下面的医生按照胰脏炎的方法治了两天，名医肚子却愈来愈痛，最后决定开刀看一下。

结果名医的肚子一打开，就是盲肠炎。

第一个发现帕金森病动物模式的朗顿也有同样的遭遇。医院里来了七八个"活死人"，除了会呼吸，全身都不会动，他的科主任判断病人为僵直性精神分裂症，大家都同意，只有他觉得不对，因为没有任何一个精神分裂症者是睡觉起来就突然全身僵硬不能动的。为此他私下调查，终于发现这些病人是吸毒者，注射人工合成的海洛因，破坏了大脑中制造多巴胺的神经元才不会动的。他也因此找出动物模式来测试新药，突破了帕金森病的研究瓶颈。

人不是理性的动物，女人的裙子一会儿长，一会儿短；男人的领带一会儿宽，一会儿窄，不正是这个"标新立异"的心态在作祟吗？

相信自己的直觉

直觉的判断是不能诉诸语言的，感情若是经过理智分析，就失去那份真了。

做选择时，相信自己的直觉吧！

人不是理智的动物，这是心理学家老早就知道的，但为什么直觉老是和理智冲突，至今仍是个难解的谜。我们只知道，直觉的判断是不能诉诸语言的，一旦要人们讲出为什么他喜欢某样东西时，他的直觉判断就改变了。

有一个实验，请了一些大学生到实验室来，挑一张他最喜欢的图片回去贴在宿舍墙上。在五张图片中，有两张是莫奈和凡·高的画，另外三张是卡通和动物的图片。实验者事先测试另一组大学生，知道大部分的大学生喜欢莫奈和凡·高的画。在这个实验中，有一半的受试者必须写出挑这张画的理由，而另外一组则不必。实验是一对一地做，所以受试者不必为了假装有艺术细胞而特意挑莫奈或凡·高的画。

结果发现，大部分要写理由的受试者会挑卡通的图，而且写的理由都是好笑、幽默，而不必写理由的那组挑的是莫奈和凡·高。几个星期后，实验者再打电话给受试者，问他们图片还贴在墙上吗？放暑假时，会把它取下来带回家吗？如果有人愿意买，他愿意卖吗？很奇怪的是，要写理由的那一组，虽然写时说他们喜欢卡通，但在电话访问时，却比较不喜欢原来的选择，也不太会把它贴在墙上，更不会带回家，当然是愿意卖给别人。而不必写理由的那一组，莫奈和凡·高的画还贴在他们宿舍的墙上，也比较愿意把它们带回家。

感觉很难用语言描述

为什么要求给理由反而改变了喜好呢？因为人的感觉往往很难用文字描绘，很难说清为什么他觉得凡·高的画比莫奈的好，但要说某张卡通比另一张卡通好笑就比较容易了。一旦说出理由来后，这些话就使他以为自己比较喜欢卡通。时间慢慢过去，当时给的理由褪色了，真正的喜好就浮现出来。所以他就不再挂这张画，或者愿意卖给别人了。

这实在是个很有趣的实验，我们都以为语言是感情最好的媒介：说出理由的喜好是理智和感情的加成，应该是效果最强的，想不到正好相反。

另外有个实验，请受试者品尝24种果酱，并且排出优劣等第。有一组在排等第时要去想理由：为什么你觉得蓝莓的果酱比草莓的好吃，另一组则不必。实验的结果显示，不必给理由的那一组，所排的顺序跟果酱专家排定的顺序很相似。这代表人不见得是先想才做决定，而且一说出来就改变了心里的直觉，真可以说是口是心非的动物呢！

从这两个实验我们可以看出，人是感情的动物，不是理智的。感情若是经过理智分析，就失去感情的真了。很多父母在女儿带男友回家时，喜欢问"你为什么喜欢他？"女儿急忙讲出一大堆理由：他功课好，人英俊潇洒，父母是高官又有钱。殊不知愈是讲得出理由的，愈不见得是她真心喜欢的，毕竟婚姻不是买卖，天平两端不见得要平衡，两情相悦才最重要。

在做选择时，请相信你的直觉吧！凡事不必都要有理由的。

成长的代价

> 每一代都有每一代的使命，做父母的只能替孩子准备行囊，无法替他出征，更不能牵着他的手，因为他是不会让你牵的。

这次基测的作文题目"我在成长中逐渐明白的一件事"，出得很好，只是不知年轻的孩子能不能真正体会这个题目的意义。人生有很多的事是"逐渐明白"，只是为时已晚，或许这就是成长的代价。

每一代的父母都会跟孩子说："不听老人言，吃亏在眼前。"但是每一代的孩子都不听，硬是要去做，等到栽了跟头以后才来后悔。其实，"不经一事，不长一智"，放手让孩子去闯本来没什么不好，只是人的生命有限，有时候获得经验的代价太惨重，再回头已是百年身。所以历史学家常感叹人类愚蠢，老是重蹈历史的覆辙，为什么不肯听别人的忠告，非要跌得鼻青脸肿才回头呢？

但这个"我比别人行，别人做不成的，我可以"的自负是人类文明进步的原动力，有好有坏。一个过去百试不成的事，还是有人不信邪，一旦时机成熟，他就成功了。例如人类一直想飞，从古代希腊的神话到达·芬奇都在做飞行梦，莱特兄弟不因别人失败而放弃自己的梦想，最后终于成功。坏的是，人生不能逆转，有些事无法弥补，我父亲常说："如果钱可以解决的事，一定用钱解决"，因为钱可以再赚，人生不能再来过。

体验过后，才会明白

如何使人生没有遗憾是一件大智慧的事，父母可以及早让孩子去做志愿者，从服务中找到生命的价值，这是自尊心的来源。自尊心不是礼物，必须看到自己的真实能力，从而产生对自己的肯定。同时，透过服务他人，孩子体会到生命之不可逆，从而接受前人的智慧，不再犯别人犯过的错。

没有体验，很多话是听不进去的。我们小学时都念过白居易的《慈乌夜啼》：慈乌失其母，哑哑吐哀音……当时心中可能没什么感觉，不会因这首诗而对父母特别感恩。直到初中时，全校去新店童子军露营，要自己生火做饭了，才知煮饭不易；要自己洗衣时，才知道洗衣不容易，这才体会到家的好处。有人就开始想家，晚上就哭，第二天哭的人更多，等到第三天一拔营，大家都迫不及待地飞奔回家。那次露营后，我们对父母都比以前孝顺，能够体会有父母庇护的幸福。

孝顺父母不单要供养，更要恭敬。孔子说："色难。""不敬，何以别乎？"只是要青少年和颜悦色地听父母唠叨，实在不容易做到，常常一边听训，心中一边叹气。轮到自己做父母以后，就理解为什么要唠叨了，因为父母无法看到火坑而不阻止孩子跳下去。当然孩子是不听的，于是我们就重蹈了历史的覆辙。

生命是个周期，人生是"一代养一代，一代偿一代"，既然孩子听不进去，只有放手让他去闯，但是记得告诉他：受伤了回家来，妈妈帮你疗伤，爸爸帮你再出发。

挑战自己，勇于尝新

> 凡事总要试了才知道会不会成功，即使失败，也有
> 做过的体会，避开因循苟且的老路，才能大胆创新。

我曾经听过"倒立先生"黄明正的演讲，心中很是感动。一个20多岁的年轻人，身无分文，却敢于挑战自己，想要用倒立走遍全世界。他聪明的地方是，懂得用自己的强项去赚钱，完成梦想。他用倒立去街头卖艺，虽然赚的钱很少，但是持之以恒，必能达到目的。那么为什么他不用其他比较快的赚钱方式来圆梦呢？

因为日子是一天天在过，人固然可以为了达到目的而勉强自己去做不喜欢的事，但那样的日子会过得不快乐。时间一久，人就会开始质疑是否值得，一质疑，信心动摇，最后就放弃了。所以黄明正是睿智的，用正反馈所累积出来的能量不是物理公式所能估算的，还包括人做自己喜欢的事时心灵喜悦的能量。

他说，不论什么事，世界上泼冷水的人都比鼓励的人多，有80％的人会提出各种理由，劝你不要做。但你没有去尝试，怎么知道不行呢？就算做不成，至少做过了也甘心。躺在安宁病房的人都不是后悔自己"做了"什么，而是后悔自己"没做"什么。苏格兰讽刺作家卡莱尔说："生命的悲剧不在人们受了多少苦，而在错过了什么。"

黄明正受到的挫折是，申请文建会补助时，他既非舞蹈又非戏剧，无法归类，最后申请被驳回。这使我想起自己以前念法律时，老师劝我们熟记判例，"援例"最不会出错。的确，"援例"最安全，但援例不会创新，那不是做事情的态度。

"援例"只会妨碍社会进步

心理学上有个有名的实验：五只猴子关在一个笼子里，笼子顶上挂着一串香蕉，第一只猴子想爬上去拿时，就会有巨大的水柱把它冲下去，其他猴子同时遭殃。这是连坐法，一只犯错，全体受罚。

几次以后，再有猴子想去拿香蕉，别的猴子就会把它拖下来、揍它，叫它不要做害群之马。等全部猴子都不敢再去拿香蕉后，实验者开始每天抓一只旧的猴子出来，换一只新的进去。新猴子看到笼子顶上有串香蕉，便很自然地要爬上去拿，这时其余的四只猴子就会合力教训它。

第二天，实验者又放一只新猴子进去。如此这般，到第五天，全部猴子都换了一遍，笼子里的猴子没有一只淋过水，但每一只都知道不能去碰香蕉。（终于，有猴子忍不住问："为什么我们不能去吃香蕉？"其他猴子齐声说："不知道，反正不能吃就对了。"）

这是一个意义深远的实验。"援例"使公务员不易出错，但也让政府做事僵化，阻碍社会进步，大家毫无波澜地过完一生。

壮志是很容易消沉的，老地图找不到新航线，停在港口的船总是最安全，但那不是造船的目的。公务员无例可援时，不妨去看《天下杂志》出版的《芬兰的100个社会创新》。书中的例子会告诉你，只要是对社会有益的事情，去做就对了。

芬兰就是这样起来的。

凡人该怎样不凡？

平凡人有可能变得不平凡吗？如何从日常的平凡事中，成就自己的不凡？

端午节，在拥挤的火车站意外碰到我的高中同学，她儿子上了理想的大学，特地带他回乡去祭祖。我恭喜这位青年，并问他将来要做什么？他一脸不屑地说："做什么都好，只要不像你们这样平凡地过一生就好了！"

我很惊愕，还以为自己听错了，同学赶快道歉说："这孩子在闹脾气，因为不能像其他同学一样出去游学。"我正要说话时，开车的铃声响了，我们就分别了。但是我心中一直在想，这孩子怎么这么不懂事，难道他没有听过"一生平凡事，平凡过一生；做好平凡事，一生不平凡"这句话吗？

这个世界上，大部分的人是平凡人，但只要做好自己的平凡事，一生就不平凡了。纽约市长曾经亲自为一位要退休的下水道巡逻员举办一场盛大的欢送会，市民自发地来参加，州长也坐直升机来共襄盛举。照理说，下水道巡逻员是最平凡不过的工作了，走在街上，他就是一般的纽约老百姓，为什么达官显要会来欢送他呢？因为他做好了平凡事。

做好平凡事，一生不平凡

从他入职的第一天，一直到退休的40年间，不论复活节、感恩节或圣诞节，他没有一天不上工，一早起来就戴上矿工的安全帽，穿上及胸连身塑胶裤，拿着手电筒去巡视曼哈顿的下水道，确保所有抽水机都正常运作。

记者问他，下水道这么臭，为何能数十年如一日地去上班？他答道："地下是曼哈顿的心脏，所有管线、地铁都在地下，只要有一台抽水机不运作，海水灌进来，别的抽水机就会短路，曼哈顿就会停电。全市市民的生命在我肩上，我怎么可以不天天去察看？"所以当他鞠躬尽瘁退下来时，纽约市民自发地来欢送他，感激他维护了大家的生命安全。

俗话说得好："一日所需，百工为备。"我们能够每天平安过日子，其实是无数平凡人兢兢业业做好平凡事的结果，所以怎么可以小看平凡事？

又如卫生部门的杨技正，她每天在实验室检验食品，这也是一件平凡的工作，她走在路上，也是一个平凡的老百姓。但是当她发现有一件食品出现不该有的波峰时，她追究下去，结果发现起云剂中含有大量的塑化剂，揭发了黑心厂商为求暴利，罔顾人命的不法事，维护了所有老百姓的生命安全，赢得尊敬与肯定。她是个平凡人，过的是平凡的生活，但是她做好了平凡事，她的一生也就不平凡了。

　　我奉劝年轻人不要好高骛远，脚踏实地地做好你的平凡事。有一天你会像纽约的下水道巡逻员或杨技正一样，突然之间，发现别人所谓的平凡事其实是非常不平凡的，你的一生就会因此不平凡了。

请给孩子思考空间

> 目前的教育体制并没有留给孩子思考空间。大家都忘记，"懂"才是最重要的。

朋友带儿子从美国回来，向当年关心过她孩子的人报喜，说孩子拿到太空物理的学位了。看到这个孩子，我非常感慨，因为他差一点就被我们的教育制度给牺牲掉。

这孩子天生动作慢，说话也慢，是个慢慢思考型的哲学家。他的思考很细微，凡事一定要弄懂了，才肯做下一步。这种脾性在讲究速度的教育制度里就格格不入了。他挨老师打，因为动作太慢，考卷一大半空白；父母也打，因为动作太慢，家庭作业写到半夜12点还写不完。但是打完了他还是一样，没有用。

有一次他来我家玩，看到我书房有一个九连环，他问过我那是什么以后，就开始去解。九连环有口诀，他并不知道，只是锲而不舍地解，解了两天两夜，终于解出来了！一通万通，其他形状的九连环他也会解了，那时他才小学三年级。我很惊讶这么小的孩子就有这种毅力，便劝他父母不要打他，要顺其自然，动作慢是他的天性使然。

他进了中学以后，日子更不好过，一方面中学功课多，没有时间让他慢慢想明白，另一方面学校霸凌现象很严重，他每天被人欺负，连老师也不喜欢他。最后，母亲决定放弃教职，带他去美国，父亲则留下在这边赚钱。

这孩子到了美国，找到合适的学校以后，学业表现就像花朵一样盛开了！他细微的思考方式得到老师的赞赏，他不轻易做决定，一旦做了，就不轻易更改。而一定把事情完成的态度，更得到同学的敬佩。他在以前的学校被大家认为的坏习惯，到了美国却变成老师、同学夸奖的长处。他母亲常用电子邮件跟我谈论东西方对教育的看法，每次都令我感慨万千。

适性发展，给教育多一点弹性

孔子说："学而不思则罔。"没有经过思考的东西很容易忘记，但是目前的教育体制并没有留给孩子思考空间。我们要求孩子快，因为老师有进度要赶，学生有一大堆习题要做，大家都忘记了"懂"才是最重要的。吃饭时，我们会要求孩子细嚼慢咽，告诉他们囫囵吞枣是不健康的，学习上我们为什么不这样呢？我不懂，为什么我们的中学、小学要教这么多东西，每天都在赶进度呢？

《天下杂志》曾经有项调查指出，在学校学到的东西，出社会用到的只有24%；也就是说，有2/3是用不到的。我们为什么不彻底检讨一下，为什么要教这么多用不到的东西？为什么小学四年级要学修辞学呢？彻底了解是创造力的必要条件，这样才可能举一反三，而创造力正是21世纪的主要竞争力。我们的课纲列得太烦琐，作业也出得太多（有一部分是应父母的要求），难道大家都不了解，只有一步一个脚印把根基打好，才是造就人才的方式吗！

又到了毕业季节，看到一批批社会新鲜人因为没有特长而找不到工作，令人忧心。不论时代怎么变迁，适性发展还是教育的核心。请给教育一点弹性，也给孩子一点适合他的空间吧！

别急着找孩子的兴趣

　　真正的兴趣自己会出来，就像生命自己会找出路一样。当孩子告诉你时，你要能放手让他自己走。

　　一位妈妈说，为了找出孩子的潜能，她每天加班赚钱，送孩子去上各种才艺班。每个月3万元的学费，她已经花了8年，但是孩子仍找不出特别的兴趣。她问："还要多久，兴趣才会出现？兴趣定型后，能改变吗？"

　　其实人的兴趣一直在改变。小学六年级与初中一年级才差一年，玩的玩具就大不相同。孩子会随着年龄、心智的成长而转移兴趣，甚至进了大学兴趣还会再变。1995年艾美奖得主彼得·巴菲特（股神巴菲特之子），就是几经转折才走上音乐之路。他有个朋友更厉害，几乎每学期都在转系：大学一年级念的是机械工程，后来觉得工程太呆板，转去念抽象的物理；念了物理后，又发现他最爱的其实是有秩序的模式，所以转修数学；数学吸引了他两学期，又觉得数学是空谈模式，缺乏动手

做的实际感，所以转去念艺术；艺术仍不能满足他，也不确定
自己是否真的有艺术天分，又转去念建筑。

建筑既是艺术又是科学，建筑的设计要用到物理和数学的
知识，建筑蓝图的绘制使他的艺术训练可以派上用场，按说
是很理想了。但是他又发现，很少人肯花大钱实现建筑师的理
想，反而要听雇主的意见，觉得很受挫折又想转系。在念建筑
时，他发现自己对各种建材所表现出来的美感很有兴趣，所以
转去念材料科学。

兜了一大圈，结果又回到工程系，但是这一圈的经验使他
变成独一无二的都市计划专家。他知道造型的美感、建材的
选取会影响在里面工作者的心情，因此开始做绿建筑，学有所
用，现在过得非常愉快。所以，一开始的迷惘没有关系，"游
荡的人未必都是迷路的人"。人生的路，只要好好走，没有白
走的。

放手让孩子追寻真正的兴趣

真正的兴趣自己会出来，就像生命自己会找出路一样。回
头再说彼得，彼得学钢琴中断过四次，他说心中一直有个声音
在缠绕着他，但不知道是什么。他吃不下、睡不着，只好从斯
坦福大学退学去寻找，最后成为音乐家，并与父亲一起在洛杉
矶登台演出。那天，他父亲开玩笑说自己是来"验收钢琴学费
的投资成果"。可见为了他学钢琴，父亲也花了不少钱。

人的兴趣是要花时间去寻觅的，它可能隐藏在很多面具之下，但只要是真的，终究会浮现出来。反而是出现后，人不见得有勇气去走这条路，因为这条路往往不容易走，人有好逸恶劳的天性，喜欢走阻力最小的路。所以父母不必急着去找孩子的兴趣在哪里，时机到了，孩子会告诉你。只是当孩子告诉你时，你要能放手让他自己走。著名设计师吴季刚成功最大的功臣是他的母亲，她有勇气抵挡别人的闲言碎语，保护吴季刚走跟别人不同、却是他衷心喜爱的路。

人只有做自己喜欢的事才会成功。这位妈妈可以停止送孩子上才艺班了，时机到了，孩子会来求你。

给年轻人生命的理想

> 心中无理想，人生自然无目的，醉生梦死当然就成
> 为生活的态度了。

　　很多人不了解生命教育是什么，甚至问，以前都没有，为什么现在要接受教育并质疑它的必要性。其实生命教育很早就有，只是不叫这个名字而已。生命教育的核心是珍惜——珍惜光阴、珍惜资源、珍惜生命。中国人讲究勤俭，勤俭就是珍惜、物尽其用、人尽其才。《礼运大同篇》的每一句话都是生命教育的精神。

　　工业革命之前，物力维难，人珍惜一丝一缕，天不亮就起来，做到天黑为止。当一个人勤奋做事时，心中只要有一线希望，他就会珍惜生命，因为透过勤俭苦读可以改善生活。这是为什么古代中国刑律对考场舞弊罚得很重，甚至腰斩（那是仅次于凌迟的刑罚），因为科举是穷人翻身唯一的途径，必须公平。统治者知道，只要老百姓心中有希望，再苦的生活也过得

下去，一个人若珍惜自己的生命就不会造反。中国有"皓首童生"这个词，考了一辈子，头发都白了还是童生，但是仍然再去考，因为只要不死，中举的希望就还在。

不能吃苦，哪来毅力

但是现在不同了，机器代替了人力，节省了时间，充裕了物质。照说人应该更加努力去求心智的长进，但是人都是好逸恶劳的，俗语说"要饭三年，知县不干"，不劳动，体力就衰退，而毅力来自体力。孟子说："天将降大任于斯人也，必先劳其筋骨"，只有如此才有体力去苦其心志，人生最悲哀的事莫过于"壮志未酬身先死"。自古英雄只怕病来磨，人一病，再大的壮志也都付诸东流。所以柏拉图在他的《理想国》中说："20岁以前，雅典的公民只要音乐和体育的教育就够了。"体力和毅力是一体两面。毅力其实是成功的首要条件，成功的人不一定是最聪明的人，但一定是锲而不舍、最有毅力的人。现在孩子四体不勤、五谷不分，体力不行，不能吃苦，哪来的毅力呢？

最糟的是现代人不需为衣食忙碌后，就不知该如何打发时间，产生"杀时间"的现象。年轻时，时间是杀不完的，因为明日复明日，明日何其多，今天去了，明天又来了，等到发现万事皆蹉跎时，已经来不及了。人生不能逆转，这是生命教育要从小做起的原因之一，等黄土埋一半才醒悟时，就来不及了。

在物质充裕时，人不再惜物，用过即丢。不珍惜物力、不敬业的习惯养成后，对生命的价值也改变了，活得不顺利就自杀。

从实践中求体验

早期的人对自己都有一番期许，例如早早念完书，出来就业可以养家，减轻父母负担；快快长大，可以念书回报社会。现在的孩子不但对这种观念认同感薄弱，对自己家庭，甚至对自己的认同都不见了。

现在生命教育最迫切要做的，是给年轻人生命的理想。人生的目的在于实现心中的理想，若是心中无理想，人生自然无目的，醉生梦死当然就成为生活的态度了。要实践生命教育必须从实践中去求体验，没有体验不会有感动，没有感动就不会学习的动机。学习最有效的方式是情绪与动机，我们从老鼠的实验上看到主动与被动虽只是一念之差（一个是自己想做；一个是自己不想做，被逼着做），但在神经连接的密度上就有显著差异。生命教育很抽象，不易说教，必须靠实践去体验，因为经验会促使神经连接，神经连接会形成回路，变成他的思想。

我曾经带我的儿子去麻风村服务，当他看到那里的小朋友铅笔用到只剩一寸还用树枝绑着在用时，就深悔自己过去的浪费，心中有感动就开始爱惜东西了。这个改变是发自他内心，是主动的，跟因父母、师长的唠叨而不得不做有完全不同的效果。他在这次志工服务中也找到志同道合的朋友，因为理念相同，一直保持联系，成为人生路上的好伙伴。

许多人都对"人生以服务为目的"嗤之以鼻，其实这句话就是生命教育的外显。有能力服务别人，表示我们比别人强，这带给我们信心；能够付出，表示我们比别人多，这带给我们满意。一个人对自己有信心、很满意，他就快乐了。古人说"施比受更有福"，就是这个道理。

生命教育的推行不难，可以从每学期义工服务开始做起。一旦做过义工，很多人一生都是志工，不但自己生活充实了，社会也变得美好。